Joseph Wohlstein

Über einige aramäische Inschriften des Königlichen Museums zu Berlin

Joseph Wohlstein

Über einige aramäische Inschriften des Königlichen Museums zu Berlin

ISBN/EAN: 9783743469600

Hergestellt in Europa, USA, Kanada, Australien, Japan

Cover: Foto ©Andreas Hilbeck / pixelio.de

Weitere Bücher finden Sie auf **www.hansebooks.com**

Ueber

einige aramäische Inschriften

auf Thongefässen

des Königlichen Museums zu Berlin.

Inaugural-Dissertation

zur

Erlangung der philosophischen Doktorwürde

vorgelegt der

Hohen philosophischen Facultät

der Grossherzoglich Hessischen Ludewigs-Universität zu Giessen

von

Joseph Wohlstein.

MÜNCHEN
Druck der Akademischen Buchdruckerei von F. Straub
1894.

Ueber einige aramäische Inschriften auf Thongefässen des Königlichen Museums zu Berlin.

Von *Jos. Wohlstein*.

Einleitung.

Das Königliche Museum in Berlin hat im Jahre 1886 einige Schalen aus Bagdad, deren innere Flächen mit aramäischen Inschriften bedeckt sind, käuflich erworben. Den allgemeinen Inhalt derselben bilden Beschwörungen und Verwünschungen gegen Dämonen und böse Geister, die Krankheiten oder sonstige Uebel am Körper und im Hause verbreiten. Die Sprache und der Gedankengang ist im Wesentlichen in allen Inschriften gleich; die Form dagegen und die Ausdrucksweise, in welcher der verderblichen Thätigkeit der Dämonen Einhalt geboten wird, ist auf jedem Thongefässe eine andere; ebenso treten uns auf jeder Schale andere Engelnamen entgegen. Die Verschiedenheit der Engelnamen rührt offenbar daher, dass nach Ansicht der Kabbalisten die Herrschaft der Engel immer wechsle und man sich stets an denjenigen zu wenden habe, der in dem bestimmten Augenblicke Macht besitzt. Darin besteht das Mysterium der Kabbalah. Im Buche *Rasiel* p. 4 werden diesbezügliche Belehrungen und Auskünfte erteilt.

Auf einigen dieser Gefässe werden die Dämonen im Namen Gottes und einer ganzen Reihe guter Engel beschworen und aufgefordert, den Ort ihrer schädlichen

Wirksamkeit sofort zu räumen, damit den Leiden und
Qualen des Betroffenen ein Ende bereitet und ihm die ersehnte
Ruhe gegeben werde. In manchen Fällen scheint
dies auch ohne Einfluss und Erwähnung geistiger Wesen
geschehen zu sein. So findet sich auf zwei Schalen der
lakonische Zuruf an die bösen Geister, sofort von einem
gewissen Orte sich zu entfernen und zwar aus eigener
Machtvollkommenheit; weder Gott noch Engel werden
darin um Hilfe und Mitwirkung angerufen. Auf einer
andern Schale wird dieses Ziel nicht durch einen Exorcismus
der Geister zu erreichen gesucht, sondern durch die
Lähmung ihrer Kraft und Fähigkeit Schaden zu thun und
Unheil zu stiften. Es wird ihnen zugerufen: אסורין וחתומין
„Seid gebunden und versiegelt!", und durch diesen Zuruf
des Beschwörens wird ihre fernere schädliche Thätigkeit
für immer verhindert.

Es ist jedoch anzunehmen, dass diese Abweichungen
nur zufälliger Natur sind und dass die Formeln sich ihrem
Wesen und ihrem Zweck nach nicht von einander unterscheiden.
Eine Ausnahme davon bildet die Inschrift Nr. 2417,
die keine Dämonenbeschwörung, sondern eine Bitte an die
Geister gewisser Verstorbener enthält und wahrscheinlich
einem besonderen Gebiete des Aberglaubens angehört,
von welchem bis heute ein analoges Stück fehlt und, da
das vorliegende zum Theil corrupt ist, uns eine volle
Klarheit und ein volles Verständnis abgeht. Wir müssen
uns darauf vertrösten, dass ein günstiger Zufall uns noch
andere Stücke ähnlicher Tendenz zu Tage fördert.

Inschriften einiger Schalen ähnlichen Inhaltes wurden
schon von mehreren Gelehrten publiziert und, da deren
Zahl gering ist, will ich sie hier der Reihe nach anführen,
was schon deshalb angezeigt erscheint, weil die betr. Arbeiten
sich in verschiedenen Zeitschriften und Werken zerstreut
finden und nicht selbständig erschienen sind.

Die erste derartige Publication liegt vor in LAYARD's
Discoveries, cap. XXII p. 513 ff. LAYARD fand im Amran-

Hügel unweit Hillah sowie an anderen Stellen im südlichen Babylonien mehrere Thongefässe, die sich jetzt im Besitze des British Museum befinden. Sie wurden von dem englischen Gelehrten THOMAS ELLIS transskribiert und übersetzt, dessen Arbeit in das genannte Werk aufgenommen wurde. Die älteste dieser Inschriften wurde später von M. A. LEVY vielfach berichtigt und nach einer vollständig abweichenden Lesung des Textes, begleitet von einem ausführlichen Commentar, in ZDMG 1885, Bd. IX p. 465 veröffentlicht.

CHWOLSON nahm in seinem *Corpus inscriptionum Hebraicarum* diese vier Inschriften wieder auf (die russische Ausgabe, welche 1884 in Petersburg erschien und in vielen Punkten von der deutschen abweicht, enthält deren fünf), machte dazu einige nicht unwesentliche Bemerkungen und behandelte dieselben ganz besonders von ihrer paläographischen Seite. Die Einwürfe, die er an einzelnen Punkten gegen LEVY und HALÉVY erhebt, sind zweifellos berechtigt, wie man ihm auch in seinem strengen Urteil über die Transskription RODWELL's *Tr. Soc. Bibl. Lit.* II, p. 114 ff. vollständig beipflichten muss. Im Grossen und Ganzen jedoch ist seine Kritik der Leistungen LEVY's und HALÉVY's (*Comptes-rendus de l'Acad. d. Inscr. et B. L.* 1877, p. 288 —293) eine durchaus günstige. Hinzugefügt sei noch, dass von S. LANDAUER in den GGA 1882 eine Recension über das erwähnte Werk CHWOLSON's erschien, in welcher auch diese Inschriften kurz gestreift werden.

HYVERNAT veröffentlichte in der ZK II, p. 113—148 die Inschrift einer Schale, die sich im Museum zu Cannes befindet; diese Arbeit wurde von NÖLDEKE und GRÜNBAUM ebendaselbst eingehend besprochen: pp. 295—297, 217—30.

Die Inschrift einer Vase im Louvre wurde von SCHWAB in der *Revue de l'Ass.* 1885, p. 117 veröffentlicht und übersetzt; doch sind seine erläuternden Anmerkungen dazu nicht erschöpfend genug gehalten, und seine Uebersetzung ist an manchen Stellen offenbar unrichtig. לימימותא רבא

heisst nicht »dans la grande mer«, was vollständig sinnlos wäre, sondern: „bei der grossen Beschwörung (möget ihr heiligen, reinen Engel zu meiner Rechten stehen!)". Befremdend erscheint es auch, da das Amulet für eine weibliche Person geschrieben ist, die masc. Construction בזרעיה ובביתיה darin zu finden.

Diese Inschriften sind sowohl in paläographischer als auch in religionsgeschichtlicher Hinsicht von grosser Wichtigkeit. Ihr Wert wurde anfangs sogar überschätzt, indem ELLIS, dem das Verdienst gebührt, der Erste gewesen zu sein, der durch seine Publication die allgemeine Aufmerksamkeit auf diese Inschriften gelenkt hat, ihr Alter bis in das babylonische Exil hinauf versetzen wollte. Die Unhaltbarkeit und Unrichtigkeit dieser Ansicht ist aber heute schon allgemein anerkannt.

Der Versuch LENORMANT'S, *Essai* etc. I, p. 272, diese Amulette auf den Talmud zurückzuführen, wurde durch CHWOLSON, als ein auf Unkenntnis des Talmuds beruhender, als falsch und irrtümlich zurückgewiesen, jedoch mehr durch den Ton der Entschiedenheit als durch die Kraft der Beweisgründe. Dadurch erscheint es erklärlich, dass HYVERNAT trotz CHWOLSON's Ausspruch LENORMANT als volle Autorität anerkennt und die Behauptung desselben seinen Ausführungen in der Behandlung der von ihm veröffentlichten Inschrift zu Grunde legt. Dieser Glaube an eine falsche Autorität wurde ihm von GRÜNBAUM a. a. O. zum Vorwurf gemacht.

Es muss demnach zunächst zu der Frage Stellung genommen werden: Sind wir berechtigt anzunehmen, dass diese Inschriften Producte der talmudischen Hochschulen zu Babylon sind, wie LENORMANT will, oder haben dieselben mit dem Talmud nichts gemein, wie es die Ansicht CHWOLSON's ist?

Die Wahrheit liegt, wie in vielen andern Dingen, so auch hier in der Mitte. Dass in diesen Inschriften talmudische Anklänge vorhanden sind, lässt sich nicht bestreiten. Ich habe einige Stellen aus dem Talmud in den Commentaren zu den Inschriften angeführt und sie mit den darin enthaltenen verglichen. Aus dieser Vergleichung ergiebt sich zuweilen unleugbar eine gewisse Verwandtschaft zwischen beiden. Andererseits wieder steht nicht minder fest, dass die wenigen im Talmud befindlichen Beschwörungsformeln (vgl. BRECHER, *Das Transcendentale im Talmud* Wien 1850, p. 195—203) so grundverschieden und abweichend von den vorliegenden sind, dass die Verschiedenheit ihres Ursprungs, die später genau angegeben werden soll, sich dem Leser in unzweifelhafter Weise aufdrängt. Wir stehen somit vor der Frage: Fliessen diese Formeln aus einer Quelle, woher dann diese auffällige Verschiedenheit; haben sie aber keinen gemeinsamen Ursprung, wie lässt sich die Ideenverwandtschaft in so vielen Punkten erklären? Bei der Beantwortung dieser Frage müssen zwei Factoren ins Auge gefasst werden: die Schreiber dieser Amulette und die Zeit ihrer Abfassung. Dass die Schreiber Juden waren, bedarf keiner ausführlichen Beweisführung. Es geht dies aus der Sprache, dem Gedankengange, sowie aus einzelnen spezifisch jüdischen Redewendungen mit unzweideutiger Klarheit hervor. Solche sind z. B.: ברחמי שמיא אמן סלה, welche Formel sich dem Sinne nach bis auf den heutigen Tag erhalten hat in den Worten בסעיתא דשמיא „mit Hilfe Gottes", womit jede zu beginnende oder beendete Thätigkeit begleitet wird. Auch das Wort שמיא als Bezeichnung für Gott ist echt jüdisch. Hier, wo sich eine Handlung von solcher Tragweite wie die Heilung eines Menschen vorbereitet, wird der Ausdruck auch dementsprechend verstärkt: ברחמי .... In einer Inschrift wird sogar ausdrücklich gesagt: בשם אלהי ישראל.

Was nun den zweiten Punkt, die Abfassungszeit betrifft, so handelt es sich nicht um die genaue Angabe eines bestimmten Datums, sondern lediglich um die Feststellung dessen, dass diese Texte nach Abschluss des Talmud geschrieben wurden, wofür namentlich paläographische Gründe sprechen; siehe NÖLDEKE a. a. O.

Steht dies einmal fest, so kann es uns nicht befremden, in diesen Inschriften, obgleich sie nicht unmittelbar mit dem Talmud im Zusammenhange stehen, talmudische Anklänge zu finden, da ja die Schreiber, wie erwähnt, Juden waren und bei diesen eine Vertrautheit mit dem nationalen Litteraturwerke von vornherein zu erwarten ist, sowie auch, dass sie ihre diesbezüglichen Kenntnisse bei ihren magischen Kuren zu verwerten strebten.

Damit hat auch die zweite Frage, wie sich der Widerspruch in der Ideenverwandtschaft mit dem Talmud einerseits, in der Abweichung von demselben andrerseits erklären lasse, schon viel von ihrer Schärfe verloren, da ihre Spitze sich nicht mehr gegen den Talmud selbst, sondern gegen eine gewisse Klasse von Menschen richtet, die, obgleich sie in manchen Punkten eine Abhängigkeit von jenem bekunden, in andern sehr wohl von ihm abweichen konnten.

Unsere Texte unterscheiden sich der Form nach von den talmudischen Beschwörungsformeln: diese sind in lapidarischer Kürze abgefasst, jene haben das Streben nach einer gewissen Weitschweifigkeit und Häufung von Synonymen, welche oft erkünstelt und sehr weit hergeholt sind. Ein weiterer ganz charakteristischer Unterschied ist, dass in unseren Inschriften der Zweck, dem sie dienen sollen, wie auch ihr Inhalt dem Leser in einer leichtverständlichen Sprache mitgeteilt werden. Es werden ihm gleichsam der Weg und die Mittel gezeigt, durch welche die zu erstrebende Heilung vollzogen wird.

Besonders scharf springt der Unterschied in materieller Hinsicht in die Augen. In den Amuletten wird ein ganz neues Heilverfahren in Anwendung gebracht, in den talmudischen Formeln dagegen liegt die Heilkraft, die magische Wirkung in ihnen selbst: man braucht nur einen gewissen Spruch, bestimmte Worte auszusprechen oder niederzuschreiben, und das Ziel ist erreicht, die Wirkung tritt von selbst ein. Hier dagegen werden die guten Geister zum Kampfe gegen die Dämonen angerufen und aufgefordert, sie zu vertreiben oder zu vernichten. Wohl findet sich auch im Talmud eine Stelle, dass die guten Engel ein Mittel anwandten, um die bösen Engel in der Ausführung ihrer bösen Absicht zu verhindern, *Sab.* 55a; aber dort geschah dies nicht durch Intervention und Vermittlung menschlicher Wesen, sondern einzig und allein auf den ausdrücklichen Befehl Gottes. Dieser Umstand führte mit logischer Notwendigkeit zu einer Bereicherung der Angelologie durch Bildung neuer Engelnamen, da mit jedem neueintretenden Falle auch dementsprechende Geister in Wirksamkeit treten mussten, sowie auch zu einem Wachsen der Autorität der Amulettenschreiber, indem bei ihnen eine Vertrautheit mit der Geisterwelt vorausgesetzt werden musste.

Diese Unterscheidungsmerkmale führen uns von selbst zu der Quelle dieser Texte, dem Mandaismus. Das Volk der Mandäer hatte eine stark ausgebildete Dämonologie, die in seinen heiligen Schriften, wie in denen des Parsismus, einen breiten Raum einnimmt. Sie sind im Besitze eines Traktates, der ausdrücklich Anweisungen zur Abwehr von allerlei Krankheiten und Unfällen, welche die bösen Geister herbeiführen, erteilt; s. den Artikel *Mandäer* von KESSLER in HERZOG-PLITT Bd. IX, p. 207.

Wenn wir bedenken, dass die Sprache des babylonischen Talmuds mit der der Mandäer grammatisch und lexikalisch sehr nahe verwandt ist (vgl. NÖLDEKE, *Mand. Gr.* p. V), so erkennen wir schon daraus die nahen Beziehungen beider Völker zu einander, und es ist selbstverständlich, dass unter solchen Verhältnissen ein Einfluss wenigstens auf gewisse Kreise sich geltend machen musste und zwar von beiden Seiten aus. Die jüdischen Bestandteile im Mandaismus hat bereits BRANDT, *Die mandäische Religion* § 69—74 behandelt. Ich möchte seinen Ausführungen noch folgendes hinzufügen. Die mandäische Anschauung von den אסיקיא מיא, Wasserbächen, die sich der Seele als letztes Hindernis auf ihrem Wege in das Haus des Lebens entgegenstellen, deren Ursprung bis heute noch nicht klar und bestimmt erkannt ist, dürfte vielleicht mit einer Stelle im Talmud im Zusammenhange stehen. Diese knüpft an ψ 32 an: על זאת יתפלל כל חסיד אליך לעת מצוא רק לשטף מים רבים אליו לא יגיעו. Hierzu bemerkt nun der Talmud *Ber.* 8 b, לעת מצוא sei der Tag des Todes. Einen Sinn erhalten diese Worte erst dann, wenn wir die mandäische Anschauung voraussetzen. Noch eine andere Stelle ist nach dieser Seite hin beachtenswert. In einem Liede, das aller Wahrscheinlichkeit nach zur Totenliturgie der Mandäer gehört, wird der Seele auf dem Wege zur Lichtwelt Trost und Mut zugesprochen mit den Worten: אגראך ועובאראך וזדקאך וטאבוהאך u. s. w. „dein Lohn, deine Thaten, deine Gerechtigkeit und dein gutes Handeln (werden dich dahin geleiten)". Der Gedanke, dass die guten Werke als Begleiter mit der Seele ziehen, findet sich auch im Talmud (*Aboth* 6): בשעה פטירתו של אדם אין מלוין לאדם לא כסף ולא זהב אלא [צדקה] ומעשים טובים בלבד חרה.

Die Gleichheit der Anschauung und der Ausdrucksweise nötigt uns, an eine gewisse Abhängigkeit zu denken. Dazu tritt nun noch die Wahrnehmung, dass die Methode, die bei der Bildung von Engelnamen befolgt wurde, im Mandaismus und im Talmud die gleiche gewesen ist. Als Beleg hierfür dürften folgende Beispiele genügen: Die Worte עוהרא und זיוא bedeuten nichts weiter als: „Reichtum", „Glanz". Da nun beide Dinge dem Menschen begehrenswert erscheinen und der Besitz derselben als ein hohes Glück gedacht wird, so wurden diese Worte zu nomina propria guter Geister.

Ganz in derselben Weise verfährt der Talmud: רישפא, das einfache Wort „Flamme" wurde ohne Weiteres zum nomen proprium eines Dämons, des Dämons der Schmiede gemacht,¹) und das Wort נקיד „rein" wurde in den Rang eines Geisterfürsten erhoben, der den unwürdigen Gebrauch von Speisen mit bitterer Armut ahndet: *Pes.* p. 111 b. Es tritt uns somit hier eine Erscheinung entgegen wie bei den Juden während des babylonischen Exils, die Thatsache nämlich, dass die Juden ihre Bekanntschaft mit den Engelnamen den alten Chaldäern verdanken, wie es in der oft zitierten Stelle im Talmud ausdrücklich und unumwunden ausgesprochen wird: שמות המלאכים והחדשים עלו עמהם מבבל Talm. Jerus. *Rosch haschschanah* I, 4; *Genesis rabbah* c. 48, jedoch mit dem Unterschied, dass hier den Geistern ein spezifisch-jüdisches Gepräge aufgedrückt wurde, um durch die Namensprägung ihren Ursprung vollständig zu verwischen, was eine Folge des erstarkten Nationalgefühls ist, das durch die ausgedehnte Lehrthätigkeit der babylonischen Hochschulen erweckt worden war und stets neue Impulse erhielt. Dies dürfte auch den Hauptgrund für die Schreiber gebildet haben, aus ihrem nationalen Litteraturwerke Einzelnes herauszugreifen und talmudische und mandäische Gedanken mit einander zu einem harmonischen Ganzen zu verschmelzen. Damit wurde in der Kunst der Dämonenbeschwörung, die, wie aus den Inschriften hervorgeht, einen wichtigen Zweig damaliger Heilwissenschaft bildete, ein neuer Weg eingeschlagen. Es trat eine Umwälzung und Neugestaltung in der etwa bis dahin üblich gewesenen Amulettenschreiberei ein. Sie wurden von nun an weder nach den Mustern im Talmud noch nach denen der Mandäer allein abgefasst, sondern es wurde eine ganz neue Form herausgebildet, die das Gute beider vereinigte, also eine Art Eklekticismus geübt. Diese innere Reform musste natürlich nach Aussen hin, auf die Verhältnisse derjenigen Kreise, in welchen dieser Zweig des Aberglaubens gepflegt wurde und Lebensberuf

---

1) Siehe jedoch BARTHGEN, *Beiträge zur semitischen Religionsgeschichte*, Berlin 1888, p. 50, der das Wort auf den Namen der phöniz. Gottheit ישׁן zurückführen will.

war, eine tiefgehende Wirkung ausüben. Diese Wissenschaft wird wohl bis dahin, das lässt sich mit einiger Sicherheit annehmen, nicht das Ansehen einer esoterischen, geheimnisvollen genossen haben. Es hat auch keine besonderen Schulen gegeben, in denen man darin eingeweiht und ausgebildet wurde, da besondere Vorkenntnisse hierzu nicht erforderlich waren. Bei einiger Vertrautheit mit dem Talmud war es jedem Einzelnen ermöglicht, im Bedürfnisfalle die betreffenden Stellen zum Gebrauche abzuschreiben. Mehr brauchte er nicht und konnte ihm auch von anderer Seite nicht geboten werden, da den Juden ausser dem Talmud keine anderen Quellen zu Gebote standen.

Mit dem Momente aber, wo die Dämonen nicht mehr durch einen magischen Spruch allein bekämpft und verdrängt werden konnten, sondern hierzu die Mitwirkung zahlloser Engelklassen erforderlich war, wurde die Kunst, sie zu beschwören, in den Rang einer esoterischen Wissenschaft erhoben, die einigen Auserwählten den Blick in die innere Oekonomie des Himmels gewährte. Es ergab sich von selbst die Notwendigkeit, Schulen zu bilden, in denen jene immer mehr erweitert und fruchtbar gemacht werde.

Hier haben wir meines Erachtens die ersten Keime und Anfänge der späteren *Kabbalah* zu suchen, deren Wiege ohne Zweifel in Babylon gestanden hat. Ist doch die künstliche Construktion von Engelnamen mit Hilfe des Wortes אל, die in unsern Inschriften eine so wesentliche Rolle spielt — für die der schon Dan. capp. 8. 16. 9. 21 genannte Engelname Gabriel vorbildlich gewesen sein dürfte — ein hervorragend charakteristisches Specificum der Kabbalah. Hiezu kommt der Umstand, dass die eine der zehn *Sephiroth*, die תפארת, dem פירא רבא der Mandäer entspricht, und ferner, dass wir in der Bezeichnung des Mittlers bei den Mandäern (גאברא קארמאיא) und in der Kabbalah (אדם קדמון) eine fast wörtliche Uebereinstimmung gewahren.

Was nun die Bildung der Engelnamen betrifft, so

weichen unsere Inschriften in der Methode sowohl von der des Talmud als auch der des Mandaismus ab, während die beiden letzteren darin vollkommen miteinander übereinstimmen (vgl. oben S. 8). Wir können daher mit einiger Berechtigung die Kabbalah als eine Weiterentwicklung des in diesen Inschriften keimartig enthaltenen Ideen- und Vorstellungskreises betrachten. Wenn auch die Kabbalah im Laufe der Zeit die Beschäftigung mit metaphysischen Problemen mit in den Kreis ihrer Betrachtung zog und zu einer Art Religionsphilosophie wurde, so hat sie doch trotz des hohen Aufschwunges, den sie später genommen hat, trotz der weiten Entfernung von ihrem Ursprunge, einen erkennbaren verwandten Zug mit jenen beibehalten. Schon REUSS macht (Artikel *Kabbalah* bei HERZOG-PLITT) die richtige Bemerkung, „dass praktischer Aberglaube, Beschwörung, Magie mit in die Geschichte der Kabbalah hineingezogen werden dürfen". Die richtige Auffassung des Entwicklungsbegriffes als eines Aufsteigens vom Niederen zum Höheren erfordert es anzunehmen, dass dies in ihren ersten Anfängen geschah. Bekanntlich zerfällt die Kabbalah in eine theoretische und eine praktische; die letztere würde mithin die Grundlage und den Ausgangspunkt der ersteren bilden.

Damit stimmt die Thatsache überein, dass wir in der Geschichte der jüdischen Litteratur zuerst der praktischen Kabbalah begegnen, und zwar ist R. Hai Gaon der erste, der ihrer Erwähnung thut (vgl. *Orient. Litteraturblatt* 1845, p. 195). Ich begnüge mich mit dieser kurzen Andeutung und beschränkte mich auch auf den Hinweis weniger Beispiele, die sich bei einer eingehenden Vergleichung zwischen dem Mandaismus und der Kabbalah zweifellos bedeutend vermehren liessen, da hier nicht der Ort ist, diesen Punkt erschöpfend zu behandeln. Für meinen Zweck genügt es, die Aufmerksamkeit der Fachgelehrten darauf hingelenkt zu haben, und ich stelle es ihrem Urteile anheim, ob dadurch in das Dunkel der Entstehungsgeschichte dieser

Geheimwissenschaft einiges Licht fällt. Nur einen Punkt möchte ich noch berühren, der für den Entwicklungsgang der Kabbalah von Interesse ist, dass nämlich statt der in den folgenden Texten so häufig gebrauchten Worte רוחי בישין in der späteren Kabbalah רוחי מסאבי auftritt. Dieser Namenswechsel ist recht bezeichnend. Es ist darin offenbar das Bestreben zu erkennen, den Ursprung der Dämonen, dessen Spuren in dem Namen „böse Geister" deutlich zu erkennen ist und dessen Entstehen nur im Parsismus und mittelbar im Mandaismus erklärlich ist, zu verwischen.

Soviel über den Inhalt dieser Inschriften, die Schreiber und die Zeit ihrer Abfassung und deren mögliche Verwertung zur Aufhellung eines dunklen Punktes auf dem Gebiete der Religionsgeschichte der Kabbalah!

Es erübrigt noch eine Frage, die mehr mit Hilfe der Phantasie als des Verstandes beantwortet wurde, woraus sich die Menge von Antworten erklärt, die sie von den verschiedensten Seiten erfahren hat, ohne jedoch bisher befriedigend beantwortet zu sein, die Frage nämlich, welchem Zwecke eigentlich die Schalen dienten. Darauf wurde entgegnet, dass Wasser oder eine andere Flüssigkeit hineingeschüttet wurde, um von dem Patienten getrunken zu werden (LAYARD, *Nineveh and Babylon* p. 511). Die Widerlegung dieser Ansicht bieten die Inschriften selbst und deren Deutlichkeit und Lesbarkeit, die unmöglich in dem Grade vorhanden sein könnten, wenn die Schalen zu einem derartigen Gebrauche gedient hätten; die Buchstaben müssten in diesem Falle verlöscht und verwischt sein und würden keinesfalls — ausgenommen, wir wir glaubten selbst an die Zauberkraft dieser Amulette — so frisch und unversehrt erhalten geblieben sein. LAYARD, der die Haltlosigkeit dieser Hypothese nachwies, gelang es nicht, eine bessere an ihre Stelle zu setzen. Denn diese Amulette mit Ausnahme von Nr. 2414, wofür die Ansicht LAYARD's zutrifft, das aber auch in eine ganz andere Kategorie gestellt werden muss und mit den andern Amuletten offenbar nichts gemein hat, bezeichnen sich selber als אסותא „Heilmittel", auch werden darin einzelne Krankheiten namhaft gemacht, gegen welche sie angewandt werden sollen. Damit aber fällt die Annahme, wonach sie Zaubermittel wären, die dem Toten mitgegeben wurden. Ebensowenig befriedigt aber auch die von M. A. LEVY aufgestellte Vermutung, dass diese Inschriften blos den allgemeinen Zweck gehabt haben, die Dämonen aus dem Hause zu bannen. Denn damit ist die eigentliche Frage noch immer nicht gelöst. Hätte das blosse Niederschreiben der Formel schon genügt, um den beabsichtigten Zweck auch wirklich zu erreichen, so erscheint es uns um so unbegreiflicher, warum hierzu eine Schale gewählt werden sollte, die beim Schreiben gar keine Vorteile, sondern im Gegentheil erhebliche Schwierigkeiten bietet. Auch von HYVERNAT a. a. O. wird zur Lösung dieser Frage ein Versuch gewagt, aber als verfehlt wiederum aufgegeben.

Die Erfolglosigkeit aller bisherigen Versuche erklärt sich daraus, dass die Lösung der Frage auf subjectivem Wege gesucht wurde, während doch auf eine solche Frage nur die Quellen selbst Antwort geben können. Wenn uns nun auch keine solchen aus jener Zeit zu Gebote stehen, so sind doch in der Kabbalah nebst vielem Neuen auch einige Reste sehr alten Aberglaubens erhalten geblieben, die uns über manches Dunkle und Rätselhafte Aufschluss zu geben vermögen. So findet sich im Buche *Rasiel*, eines freilich nicht sehr alten kabbalistischen Werkes, eine Stelle, die auf obige Frage eine einigermassen befriedigende Antwort zu geben vermag. Kein Zauberwerk, heisst es dort p. 32, kann ohne Zuhilfenahme eines Gefässes vollbracht werden. Begründet wird dieser Satz allerdings sehr schwach und zwar mit dem Hinweise auf den Vers הנה יי רוכב על עב קל Jesaia XIX, 1, in welchem das Wort הנה dem Zahlenwerte des Wortes בלי entspricht. Diese

Motivierung ist freilich jüngeren Ursprungs und hat das echte Gepräge der späteren kabbalistischen Methode. Dies hindert uns jedoch nicht anzunehmen, dass die Anschauung selbst älteren Ursprungs ist, und es ist nicht unwahrscheinlich, dass dies der Grund gewesen, der die Exorzisten bestimmte, um dem Zauberbann wirksam zu begegnen, dieses Merkmal zu wählen und ihre Exorzismen auf Schalen niederzuschreiben. Etwas Bestimmtes lässt sich aber hierüber nicht sagen.

In Bezug auf das Alter dieser Inschriften ist bereits erwähnt, dass sie alle der gleichen Zeit und zwar wahrscheinlich dem siebten Jahrhundert angehören. Das Argument, welches von ELLIS ins Treffen geführt wurde, um denselben ein recht hohes Alter beizulegen, weil sie nämlich ohne Punktation geschrieben sind, bedurfte kaum einer Widerlegung, wie der M. A. LEVY's a. a. O. p. 474, da es ja allgemein bekannt ist, dass „die Gewohnheit ohne Vokalzeichen zu schreiben sich bis auf den heutigen Tag bei den Juden erhalten hat". Dieser Einwand fällt jedoch weg, wenn darauf hingewiesen wird, dass Worte wie בישמיה nach ב, תיתהפכון nach dem ersten ת matres lectionis haben. Denn es lässt sich wohl annehmen, dass von der Zeit an, wo die Vokalzeichen eingeführt wurden, diese Schreibung aufhörte und gänzlich ausser Gebrauch kam, gleichviel ob das betreffende Schriftstück mit oder ohne Punktation geschrieben war. Doch ist diese Annahme viel zu unsicher, um darauf eine feste Behauptung stützen zu können. Auch der Umstand, dass das ק in der talmudischen Zeit dieselbe Form hatte wie in diesen Inschriften, ist für ihre Zeitbestimmung nur von problematischem Werte. Die Stelle, aus welcher dies hervorgeht, lautet im Talmud, *Sabb.* 104a: מאי טעמא מהדר אפיה דקוף מריש „Weshalb ist die Vorderseite des Koph abgewandt vom Resch?" Diese Frage ist nur dann verständlich, wenn die Form des Buchstabens in der talmudischen Zeit diejenige war, welche wir in unseren Inschriften vorfinden.

Doch wer vermöchte die genaue Zeitgrenze beider Formen anzugeben? Jedenfalls dürfen wir die Abfassung der Inschriften nicht weit vom Abschlusse des Talmud entfernen. Es ist auch darauf hinzuweisen, dass in der talmudischen Zeit zweierlei Formen des ה im Gebrauche waren, eine, mit linkem offenem Fuss und eine, in welcher der linke Fuss bis zur Horizontallinie emporragt; letztere wurde stets von den דוקני‎ם, den sorgfältigen Schreibern gebraucht (*Menachoth* 29b). Der Umstand, dass diese Form auch in unseren Inschriften erscheint, lässt sich vielleicht als Zeichen für die Correktheit und Sorgfalt, welche die Schreiber bei ihrer Thätigkeit beobachteten, anführen, wodurch einerseits ihr paläographischer Wert wesentlich erhöht wird und wir andrerseits in der Annahme der oben gegebenen Zeitbestimmung bestärkt werden.

Was die Anordnung der folgenden Texte betrifft, so habe ich mich nicht von einem bestimmten Prinzip leiten lassen können, da die Inschriften aller Wahrscheinlichkeit nach gleichzeitig sind, demnach eine chronologische Aufeinanderfolge ausgeschlossen ist, und da auch ihr Inhalt im Wesentlichen der gleiche ist, mit Ausnahme von Nr. 2417, das, wie bereits bemerkt, eine ganz isolierte Stellung einnimmt und daher an's Ende gesetzt wurde. Die Nummern an der Spitze der Texte beziehen sich auf die Signaturen des Königlichen Museums.

Herrn Geheimerat Prof. Dr. SACHAU erlaube ich mir auch an dieser Stelle meinen aufrichtigen Dank für die vielfache Anregung auszusprechen, die er dieser meiner Erstlingsarbeit hat zu Theil werden lassen.

Nr. 2422.

בישמך אני עושה אסותא מן שמיה[1)
לאחרבוי[2) בר אחתבו ריתסי
ברחמי שמיה אמן אמן סלה
אסורין אסורין אסורין כולהון
פתיכרי דיכרי ואיסרחת[3)
ואיסתרתא נוקבתא ורוחי
בישתא וחומרי[4) זידניתא ואיסרי[5)
דבית כנישתא
וסטני[6) כולהון דמערבא
ודמנהרא[7) דציפונא ודדרומא
אסירין כל חרשי בישי
ומעבדי תקיפי אסירין
וחתימין כל נידרי ולוטתא
ושיקופתא[8) ואשלמתא אסורין
מלאכי דרוגזא ומלאכי דבית
כנישתא וטעותא כולהון
ואיסרי תקיפי ואיסרי קשיי
וכורהגי וכיבי רביבין[9)
והברכה וחזויתא והפכיתא
והרסא וכתרין[10) וגרבא ומיא
בישי ויקדי[11) דמרדין
וימאידראמן? בפרבפנרא?[12)
ורוח בית קברי ורוח
מיתו ורוח כירי ופתיכרי
ורוח פתיכרי ומי . . .[13) אולתי
ואיסורי אסיריתון וחתומתון
כולכון מן אחרבוי בר
אחתבו וחיזלון ותיפלון על
טורי ועל ראמתא ועל בעירא
מסאבא אם בחר בניסן
אתיחון איזילו מיניה דאחרבוי
בר[14) אחתבו בישמי[15) דגבריאל
דמתקרי[16) אלפסס ובישמי
דמיכאל דמיתקרי . . .[17) תיה

ובשום[18]) אלבן מץ ובשום
אלבעץ ובקדרון רבא
ובמן אמן זבובי זיקאמן
ובאפטוקא דלא מכדרבין[19]) ביה
ואם מכדרבין ביה האגמול
האסקרון יסו ותוח[20]) לאחדבוי
בר אחתבו מן ני . . . . . ן[21])
לוטתא ומן שיקופתא ומן
אשלמתא ומן חפפותא ומן
כל מידעם ביש אמן אמן סלה

Anmerkungen zum Originaltexte.

1) Wird wohl so genannt im Gegensatz zu einem rationellen Heilmittel, da hier die Heilung der Krankheit nicht auf natürlichem Wege, sondern durch die Thätigkeit himmlischer Mächte erwartet wird. Es wird diese Voraussetzung und Versicherung sogar notwendig, da der Volksglaube bekanntlich an allen Orten einen Unterschied zwischen Beschwörungen und Heilungen durch die Vermittlung und Mitwirkung heiliger und unheiliger Mächte machte. Letztere werden im Talmud שמוה הטומאה genannt. Auch Paracelsus äussert sich in ähnlichem Sinne: „Dieweil aber sie selbst nit sondern ihre Amptleut den stand vertraten, da erfuhr ich, dasz derselbigen Artzney nicht himmelisch sondern Bübisch war"; *Grosze Wundartzney* III Teil fol. 17. Für die Talmudstelle s. *Sanh.* 91a (die Geschenke Abraham's).

2) Die Buchstaben ד und ח sind durch Verlängerung der Horizontallinie mit einander verbunden.

3) Dieses Wort ist wahrscheinlich eine Verschreibung des nächstfolgenden.

4) Die mandäische Theologie kennt eine ganze Reihe von Wesen, die böse sind von Anfang bis in Ewigkeit, darunter auch die חומריא. Den Ursprung dieses Wortes erklärt NOELDEKE, *Mand. Gr.* S. 76 Anm. 1 folgendermassen:

"Die Mandäer sehen die Zauberwirkung gewisser Gegenstände in den sie bewohnenden Dämonen und benennen diese gradezu mit dem Namen jener; so brauchen sie עבוריא „Altäre"... und הומריא... „Kügelchen, Wirbel"... als Namen gewisser böser Geister."

5) Dieses Wort in der Bedeutung „Fürst" begegnet uns auch im Talmud *Pes.* 111a: אימרי דמוזני.

6) Unter סטני wird gewöhnlich die verführerische Macht verstanden, die den Menschen zur Sünde verleitet. Es verbindet sich mit diesem Worte aber auch der Begriff eines quälenden Plagegeistes; s. DILLMANN, Commentar zum Buche Henoch, Leipzig 1853, p. 147. Im Buche Iob wird die Wirksamkeit des Satans nach beiden Seiten hin dargestellt. Dass dieses Wort, wenigstens in der Bibel und ursprünglich, keine Nachbildung des persischen Ahriman ist, beweist REUSS, *Geschichte des Alten Testaments* 2. Aufl., p. 497.

7) Der vorletzte Buchstabe dieses Wortes ist nicht deutlich geschrieben und hat durchaus keine Aehnlichkeit mit ר, vielmehr mit ח, was aber keinen Sinn geben würde.

8) Fehlt das ש.

9) Nach FRAENKEL (W. Z. f. d. K. M. 1893, p. 79) ist dieses Wort רביץ zu lesen, was auch mir wahrscheinlicher erscheint. Vgl. unten die Inschrift Nr. 2416.

10) FRAENKEL a. a. O. liest dieses Wort: ונהרק. Gegen die Richtigkeit dieser Lesung ist jedoch einzuwenden, dass das נ in dieser Inschrift gar keinen Kopf hat, während hier der zweite Buchstabe oben eine horizontale Linie hat; die Form desselben ist ungefähr diese: ן, und es hat den Anschein, als hätte der Schreiber ein כ durchgestrichen. Auch kann ich den letzten Buchstaben nicht für ק halten, weil dieser ebenfalls in dieser Inschrift eine andere Form hat; vielmehr ist hier [ן und י] die aram. Pluralendung zusammengezogen genau wie im Worte אסירין vor כל חדש.

11) Zwischen ' und ר fehlen ein oder zwei Buchstaben.

12) Ueber die Lesung dieser schwierigen Stelle siehe unten S. 338.

13) Hier fehlen zwei oder drei Buchstaben. Möglich ist zu lesen: רוח מיתא ואלֹהי „der Geist des Todes und des Fluches". Letzteres Wort findet sich auch in der Inschrift Nr. 2426.

14) Das ב fehlt.

15) An dieser Stelle folgt dem ב als Hilfsvokal ein ', in dem darauffolgenden Worte בשמי aber fehlt ein solcher. Es scheint, als genüge es den Schreibern, die richtige Lesung eines Wortes durch Setzung einer *mater lectionis* ein für allemal anzudeuten.

16) Vor dem ר ist ein Tintenfleck, wodurch dieser Buchstabe die Form eines ט erhält. Doch wird die Richtigkeit der Lesung durch das vorhergehende דמיתקרי sowie auch durch den Zusammenhang bestätigt.

17) Fehlen ungefähr drei Buchstaben, möglicher Weise דמו, das dem Worte מיבאל entspräche.

18) שום heisst im Mandäischen „Name". Ebenso im Targum und Talmud; s. *Gittin* 79b: כתב לשום מלכות שאינה הוגנת.

19) Dieses Wort ist wahrscheinlich מכרבין zu lesen und vom Stamme כרך „umgeben" abzuleiten.

20) Der Text gestattet die Lesung: יַסִי וְיָנִיח; dann wären diese Worte: „heile und lindere (beruhige)" zu übersetzen.

21) Hier fehlen einige Buchstaben; wahrscheinlich lautete die Stelle: נידרי וזמן.

Uebersetzung.

In deinem Namen[1]) mache ich ein himmlisches Heilmittel[2]) dem Achdebuj[3]), dem Sohne der Achathabu aus Dajthos[4]) mit dem Erbarmen des Himmels. Amen, Amen, Selah. Gebunden, gebunden, gebunden sollen sein alle männlichen Gespenster⁵), und die weiblichen Istharten und die bösen Geister, Mächte der Widersetzlichkeit, die Fürsten des Versammlungshauses⁶), die Satane alle, von West und Ost, von Nord und Süd. Gebunden, gebunden sollen sein alle bösen Zauberer⁷) und alle, die Gewaltthaten verüben⁸). Gebunden und versiegelt⁹) alle Verbannungen¹⁰) und Verfluchungen, Beschwörungen¹¹) und Verwünschungen. Gebunden seien die Engel des Zornes¹²), die Engel des Versammlungshauses und des Irrtums, ihr alle, die gewaltigen Fürsten und die harten Fürsten, die zahllosen Krankheiten und Leiden¹³), der Abscess¹⁴), die Hautflechte, die Metamorphose¹⁵), die Krätze, ..., der Ausschlag, schlechte Flüssigkeit, eiternde Brandwunden und die Flut, die fliesst aus dem ..?¹⁶) in den Körper¹⁷), der Geist der Gräberstätte, der Geist der Toten, der Geist der Krankheiten und der Gespenster, der Geist der Gespenster und der .... Gebunden und versiegelt sollet ihr alle sein vor Achdebuj, Sohn Achathabu's. Gehet und entfernet euch auf Berge und Höhen und auf das unreine Vieh¹⁸)! Wenn ihr am ersten des Nissan¹⁹) kommet, gehet weg von Achdebuj, Sohn Achathabu's im Namen Gabriels, der genannt wird Elpassas²⁰), und im Namen des Michael, der genannt wird Demuthja, und im Namen Elbenmez und im Namen Elba'baz. Beim grossen Kidron²¹) und Man Amen. Die Fliegen des Brandes...²²) dass sie ihn nicht umgeben, und wenn sie ihn umgeben, sei dieses heilsame Werk, dieser Anblick eine Heilung und Beruhigung; verschaffet Ruhe dem Achdebuj, Sohn Achathabu's von allen Bannflüchen, Verfluchungen, Beschwörungen und Verwünschungen, von Aussatz und von allem Bösen! Amen, Amen, Selah.

Commentar.

1) Eine Anrufung Gottes, in dessen Namen und mit dessen Beistand der Schreiber den Akt der Geisterbeschwörung vornehmen will. Dieselbe feierliche Einleitung findet sich auch auf einer anderen Schale (Nr. 2434) mit reinem

und deutlichem Schriftcharakter, die aber nur als Bruchstück erhalten ist.

2) CHWOLSON, *Corpus inscrr. Hebrr.* will in diesem Ausdruck, der das unmittelbare Eingreifen himmlischer Mächte bedeutet, heidnischen Ursprung erkennen. Doch s. oben S. 17, ad 1.

3) Ein in Babylonien sehr gebräuchlicher Name. Es werden auch einige Gesetzeslehrer im babylonischen Talmud so genannt: *Chullin* 113b u. a. a. O. Der Sinn ist offenbar: „der Bruder seines Vaters", אח ראבויה, während der zweite, ein Frauenname, die „Schwester des Vaters" bedeutet.

4) Dieses Wort kann wohl ein nomen gent. bilden. Es ist jedoch viel wahrscheinlicher, dass es דליתסי zu lesen ist. In diesem Falle muss diese Stelle „der geheilt werden möge mit der Barmherzigkeit Gottes" u. s. w. übersetzt werden. Dieselbe Formel findet sich auch in der Inschrift Nr. 2426: דליתסי ברחמי שמיא und bildet den Schluss eines dem Beschwörungsakte vorangehenden Monologes.

5) Im Syrischen hat dieses Wort die Bedeutung „Götze", und es ist genügend bekannt, dass eine grosse Anzahl von Dämonennamen ursprünglich einen derartigen Sinn hatte. Die, welche einst als Götter verehrt und angebetet wurden, sind später zu verderbenbringenden Mächten, zu Dämonen degradiert worden: *Baruch* IV, 7; LXX zu Deuteronomium 32, 17 und Psalm 96, 5. In diesem Sinne hat die Sage von den gefallenen Engeln ihre volle Berechtigung. Die Worte פהיכרי דכרי finden wir auf der Inschrift einer Schale, die CHWOLSON a. a. O. p. 110 anführt. Er deutet sie dort, von סתר „zerstören", als „zerstörend wirkende Dämonen", איסתרתא; doch ist die Annahme viel wahrscheinlicher, dass dieser Dämon mit der altbabylonischen Gottheit der Isthar identisch ist.

6) Wie weiter unten ersichtlich, ist diese Beschwörung zur Heilung eines mit dem Aussatze Behafteten angefertigt

worden. Die epidemische Wirkung dieser im Orient mit furchtbarer Gewalt und verheerender Kraft auftretenden Krankheit zeigte sich am stärksten in Räumen, die zu öffentlichen Versammlungen dienten. An solchen Orten hielt sie eine nur allzu reiche Ernte und verbreitete sich oft durch Ansteckung auf den grössten Teil der Anwesenden. Daher die Annahme, dass es besondere Mächte seien, die an diesen Orten eine unheilvolle, verderbenbringende Herrschaft ausüben. Ebenso legen die Chaldäer gewissen Winden, deren glühender und ungesunder Hauch in Verbindung mit den besonderen klimatischen Verhältnissen Chaldäa's die Entwicklung und Verbreitung vieler Krankheiten begünstigte, Geister bei, die sie „an sich selbst böse Geister" nennen; s. LENORMANT a. a. O. p. 33. Diese Annahme verliert aber durch das folgende וטעוותא an Wahrscheinlichkeit; denn statt dessen wäre ומלאכי רטעותא zu erwarten, da dieses Wort ein selbständiges, von dem vorhergenannten völlig getrenntes und unabhängiges Gebiet ausdrückt. Es ist daher wahrscheinlich, dass ein Schreibfehler vorliegt: der erste Buchstabe ist nicht ein Waw copulativum, sondern ein Daleth genetivi. Dazu ist zu bemerken, dass im Mandäischen טאיוהא, das unserem Worte entspricht, „Götze" bedeutet (NOELDEKE a. a. O. p. 145). Der Sinn der Stelle wäre demnach: „Die Engel des Versammlungshauses des Götzen", womit die heidnischen Tempel gemeint sind. In der Uebersetzung hielt ich mich an den Originaltext.

7) Oder auch deren schädliche Wirkungen. Auch in den ältesten Beschwörungsformeln der Chaldäer, die in akkadischer Sprache abgefasst sind, werden Zaubereien gleichzeitig mit den Dämonen und Krankheiten genannt; es werden entweder die Zauberer selbst oder deren Wirkungen verbannt (LENORMANT, *Magie* p. 69).

8) Die Werke der Zauberei und der Schwarzkunst werden von den Chaldäern unter andern verächtlichen Bezeichnungen auch „das Gewaltsame" genannt (LENORMANT

ib. p. 79). Demselben Ausdrucke begegnen wir im Buche Henoch; s. DILLMANN, *Commentar* cap. 15 v. 11. Die Worte מעבדי und חרשי kommen in diesen Inschriften noch mehrmals vor: Beide zusammen: Nr. 2416, Zz. 10. 12. 18; חרשי allein ibid. Z. 1; חרשי und עובדין ibid. Z. 20 und 30; einmal kommt חרשי mit עבדי vor. Es lässt sich jedoch aus den angeführten Stellen nicht mit Sicherheit feststellen, ob sie im konkreten oder abstrakten Sinne zu nehmen sind. In Nr. 2416, Z. 1, wo חרשי allein steht, ist es unzweifelhaft ein Abstraktum, doch weiss ich nicht, welche Form das sein sollte. Bei מעבדי könnte man an ein Part. pass. Pael denken. Dagegen würde das Wort als Konkretum gefasst Schwierigkeiten machen.

9) Diese Phrase ist mandäischen Ursprungs und findet sich im Qolasta (Stuttgart 1867) 16, 9: עבירא וחתימא האלין נישמאתא. Dass die Dämonen durch Versiegelung unschädlich gemacht werden, wird auch in der Asmedaisage des Talmud erwähnt, *Gittin* 68 b.

10) HALÉVY übersetzt die Worte נידרי und אישלמתא durch *engagement* mit dem Hinweis auf den Talmud, der unerfüllte Gelübde und Versprechungen als Ursache zahlreichen Familienunheils angibt. Zur Erhärtung dieser Erklärung könnte auf eine ähnliche Erscheinung in der hebräischen Sprache hingewiesen werden, nämlich auf das Wort עון, dessen eigentliche und ursprüngliche Bedeutung „Sünde, Unrecht" ist; es dient aber zugleich auch zur Bezeichnung der daraus entstehenden Folgen und kann daher auch mit „Unheil" übersetzt werden. Es muss jedoch zugegeben werden, dass dieser Vergleich etwas hinkt, da es sich dort um Begriffe allgemeiner Natur handelt, während hier ein ganz bestimmter, spezieller Fall, der als Ursache angenommen wird, zugleich zur Bezeichnung einer Wirkung dienen soll, die nicht gleich determinierten Charakters ist. Warum sollte ferner gerade dieses Vergehen als Benennung für Unheil gewählt werden, da doch auch bei andern ähnliche Strafen angedroht werden? Ich glaube,

dass das Wort נידרי hier in dem Sinne von „Bann" zu nehmen ist, wie es sich in dieser Bedeutung auch im Talmud *Sanh.* 68a findet: הותר הנדר הותר הנדר „der Bann sei gelöst", indem die verschiedenen Synonyma für „Gelübde, Versprechungen" in diesen Beschwörungsformeln in der übertragenen Bedeutung „Bann" gebraucht werden. In der That gehen diese Begriffe leicht in einander über, und bei jedem Zauberakte wurde irgend ein Gelübde von dem Zauberer gethan, damit das Werk gelänge. אישלמתא dürfte einen ähnlichen Sinn haben; vielleicht ist das syrische ܐܫܠܡ „überliefern" zu vergleichen; also: die Ueberlieferung in die Gewalt des Zauberers oder des Zaubers, aus welchem zu befreien der Zweck dieser Beschwörung ist. Das Wort ומללתא, das sich in unserer Inschrift nicht findet, ist nebenbei gesagt nichts anderes als „Worte", da ein ausgesprochenes „Wort" des Schwarzkünstlers schon genügt, um den Zauber zu bewirken (LENORMANT ibid. p. 72).

11) Die Etymologie dieses Wortes ist sehr zweifelhaft; doch ist es nicht unwahrscheinlich, dass es von שקף „klopfen" abstammt, aber nicht den Begriff dieser Handlung, sondern einen dieselbe begleitenden Nebenumstand ausdrückt. Denn bekanntlich gingen in der Regel dem Zauberakte Geräuscherregungen voraus, wodurch die Aufmerksamkeit der erforderlichen Geister wachgerufen und deren Mitwirkung erlangt wurde. Noch einleuchtender dürfte diese Etymologie werden durch den Hinweis darauf, dass das Wort שיקופתא im Mandäischen einfach „Schlag" bedeutet, was unwillkürlich an unser Wort „Zauberschlag" erinnert.

12) Im Talmud *Baba bathra* 16a wird die Thätigkeit des Satan dahin zusammengefasst: יורד ומתעה ועולה ומרגין „er steigt hernieder, den Menschen zur Sünde und zu bösen Handlungen zu verführen". Hatte er seine Absicht erreicht, war der Mensch zu schwach, der Verführung hinreichenden Widerstand zu leisten, dann trat er als An-

kläger vor den Weltenrichter, um den göttlichen Zorn gegen den Schuldigen zu erwecken.

13) Hier folgt eine ganze Reihe verschiedener Arten und Formen, vielleicht auch Graden des Aussatzes, von denen jeder einzelne eine besondere Bezeichnung hat. Manche treten nur selten in Europa auf und nehmen nie den bösartigen Charakter an, welchen sie in der heissen Zone haben. Es liegt mir fern, für jeden einzelnen der hier erwähnten Namen die entsprechende Krankheitsform festzustellen; ich verweise statt dessen auf TRUSEN's *Sitten, Gebräuche und Krankheiten der Hebräer*, Breslau 1853, wo die Arten dieser im Orient sehr häufig auftretenden Krankheit angeführt und ausführlich beschrieben werden. Ueber eine ähnliche, in den babylonisch-assyrischen Keilinschriften erwähnte Krankheit s. LENORMANT ib. p. 5. Im Talmud herrscht bezüglich der Zahl der Formen oder richtiger der Erscheinungen (מראות נגעים) des Aussatzes eine Meinungsverschiedenheit zwischen Rabbi Dosa und Rabbi Akabja; nach Ansicht des ersteren gibt es deren sechsunddreissig, während der letztere die doppelte Zahl annimmt.

14) Eigentlich etwas „Rundes, Kreisförmiges", von כרך „umgeben", hier aller Wahrscheinlichkeit nach in der Bedeutung eines Geschwüres oder Abscesses. Der Ausdruck נאתה בריכתא „wildes Fleisch" findet sich im Talmud *Baba Rama* p. 85a; das Wort kann jedoch auch חביתא gelesen werden, was dem syrischen ܚܒܝܬܐ „Krätze" entsprechen würde.

15) Zur Erklärung dieses Wortes will ich einige Worte TRUSEN's a. a. O. p. 167 wiederholen, mit welchen er die *lepra elephantiasis tuberculosa* schildert: „Mit dem Ausbruche der Krankheit wird das Ansehen des Kranken durch eine erdfahle, dunkle Gesichtsfarbe fürchterlich entstellt, die Augenlider schwellen odematös an, werden runzlig und knollig, die wirkliche Form des Auges wird rund, der Blick stier, wild, matt, das Gesicht aufgeschwollen, die

Haut an der Stirne gespannt, glänzend, knollig, die Kopf- und Barthaare, sowie die Augenbrauen färben sich, werden weiss, wollig, fallen aus und die Sehkraft verändert sich. Besonders der Fuss wird so sehr entstellt, dass er einem Elephantenfusse ähnlich wird." Diese Schilderung berechtigt uns wohl zu der Annahme, dass das Wort הביתא "Verwandlung, Entstellung" diese Krankheit mit ihren fürchterlichen Folgen und Begleiterscheinungen bezeichne. Es dürfte vielleicht der Hinweis auf Iob's Klage, dass niemand von den Seinen ihn erkenne, geeignet sein, diese Behauptung zu stützen.

16) Diese Worte spotten jeder Analyse und Erklärung. Vielleicht ist der Ausdruck ein Analogon zu dem „Urwasser", das den Samen der Männer und den Embryo der Frauen reinigt. Als Urquell des Segens und der Reinheit wirkt es segnend und reinigend überall, wohin es dringt (WINDISCHMANN, *Zoroastrische Studien*, Berlin 1863, p. 215). Wo ist aber die Quelle des Urwassers? Allerdings nicht in der Welt der Wirklichkeit. Warum soll es dort nicht auch eine zweite Quelle geben, dachte die Volksseele der Chaldäer, aus welcher sich ein Strom über die Erdenkinder ergiesst, der das Gegenteil von jenem bewirkt: feuchte Geschwüre, Eiterungen und dergleichen mit sich führt und in den menschlichen Körper bringt. Ich vermute: וימא אידרא מן כפר בפגרא "das Meer, welches fliesst vom Orte des Truges in den Körper".

17) Das Wort פגרא heisst sonst nur: „Leichnam, toter Körper", doch wird es in einer anderen Inschrift unzweifelhaft in dem Sinne von „Körper, Leib" gebraucht, da es dort als synonym mit גושא verwandt wird: Nr. 2416, Z. 13 lautet: בפגריה ובגושמיה; ebendaselbst Z. 23 und Z. 2 steht als adäquater Ausdruck: בגופיה ובגושמיה. Ferner Z. 16: פגריה ראבא von einem lebenden Menschen gesagt. Dagegen kommt das Wort in seiner gewöhnlichen Bedeutung Z. 20 vor. Auch im Mandäischen wird es zuweilen im ersteren Sinne gebraucht; s. NOELDEKE, *Mand. Gramm.* p. 476.

18) Um die dämonischen Mächte vollständig unschädlich und ihre Wiederkehr unmöglich zu machen, weist ihnen der Beschwörer bleibende Aufenthaltsorte an, wo sie für immer festgebannt werden; als solche gebrauchte man auch die unreinen Thiere. Eine Parallele findet sich im Neuen Testament (Matth. 8, 28; Marc. 5, 12; Luk. 8, 32).

19) Im dritten Teile des *Midrasch Conen*, der einen Ueberrest der Kosmogonie der ältesten Essäer enthält, wird der Monat ניסן תקופת, Nissan als besonders günstiger Moment bezeichnet, die מזיקין (schädlichen Dämonen) zu bekämpfen; denn die Macht der guten Geister wird um diese Zeit gestärkt, und sie sind daher mehr als sonst in der Lage, die Kräfte der schädlichen Geister zu brechen; siehe JELLINEK, *Beth hammidrasch* II. T., S. 37 (Leipzig 1853). Diese Zeit galt natürlich als besonders geeignet für Dämonenbeschwörungen, und es ist kaum zu bezweifeln, dass dann die Hilfsbedürftigen scharenweise herbeigeströmt kamen, um von ihren Leiden und Qualen erlöst zu werden. Um nun allen Wünschen gerecht zu werden, mussten die Dämonenbeschwörer eine lange Zeit vorher die Beschwörungen niederschreiben, ihre Wirksamkeit jedoch erst um die betreffende Zeit in Kraft treten lassen, wie es hier geschieht mit den Worten אם בחר בניסן אתיהון.

20) Der Name אלפסם dürfte die Bedeutung einer zerstörenden, trennenden Macht haben von פסם „trennen", daher Todesengel, der den Geist vom Körper trennt. Im Mandäischen hat das Wort noch den weiteren Begriff „zerstören", was hier noch zutreffender wäre (NOELDEKE p. 126). Dieselbe Thätigkeit wird übrigens auch Gabriel zugeschrieben *Sanh.* 19b. Im Talmud wird Gabriel auch פסקון genannt *Sanh.* 44b, weil sein Urteil am himmlischen Gerichtshofe ein abschliessendes ist. Im Zusammenhange damit steht vielleicht die Stelle im *Midrasch Tanechuma Genesis* 11, 18 ff., wo der Vers Hiob 25, 2: המשל ופחד עמו עושה שלום במרומיו angeführt wird und das zweite Wort als Bezeichnung für den Engel Gabriel gilt. Soviel aber

auch in den Quellen über seine Wirksamkeit berichtet wird, so findet sich doch nichts, was eine solche Benennung rechtfertigen könnte, es sei denn seine Thätigkeit als Todesvollzieher. Die Bedeutung der beiden anderen hier genannten Engelnamen haben wir möglicherweise in den Endsilben zu suchen: אלבנמץ ist vielleicht der Engel רפאל, dessen Nennung wir erwarten dürfen, da es sich um die Heilung von Kranken handelt. Dieser Name hat jedoch nur eine allgemeine Bedeutung, während der obige die Thätigkeit des betr. Engels spezialisiert durch מץ „ausdrücken" (nämlich Wunden) als Ausdruck für deren Heilung. Daher heisst er auch im Talmud סוריאל, weil er die Krankheit „weichen" macht: *Ber.* 51a. Der Name des dritten Engels, אלבעבץ, könnte von בץ „fliessen" abzuleiten sein, insofern seine Wirksamkeit alles Fliessende, Eiternde umfasst.

21) Substantiva in Verbindung mit dem Adjectiv רבא sind im Mandäischen häufig: זיוא רבא, מאנא רבא, ראזא רבא u. s. w.

22) Metaphorisch für die verschiedenen Arten des Aussatzes.

Nr. 2416.

הדן קיבלא למיפר[1]) חרשי ונידרי
ולוטהא ושוקיפתא ואשלמתא
ואכמרהא מן אבא בר ברכיתא
על אימי בת רבקא[2]) על לילי
ועל מר בני אימי ועל כל דלט
יתהון[3]) אשבעית לכון[4]) במלאכין
קרישין וכישמיה[5]) דמיטטרון
מלאכה רביה[6]) נידריאל ונוריאל[7])
וחתיאל וסמגביאל והפכואל
ומהפביאל אילין איגין שבעה
מלאכין דאזלין ומהפכין שמיא
וארעה וכוכבי ומזלי וסיהרא
וימא דתיזלין ותיתהפכין חרשין
בישין ומעובדין תקיפין
ונידרא ולוטתא ושיקופתא
ואשלמתא ושיפידי ושמתתא
דאית ליה בביתיה ובפגרי
וכגושמיה לאבא בר ברכיתא
דתי זלין ותיתהפכין על כל

דלט יתהין אחישה אחישה
ובושמיה דאצייץ ובישמי
דיהביה כאהאוה⁸) יהו יהו יהו
אלהי אשבעית עליכון חרשין
בישין ועובדין תקיפין ונידרא
ולוטתא ושוקיפתא ואשלמתא
ושיפורי ושמתתא דאית ליה
בביתיה ובגופיה ובנושמיה
לאבא בר בריתא דתיזלין
ותיתהפכין על כל מאן דלט
יתהין ובישמיה דאצלאל
מלאכה רבא ועל רזא דנ[ש]יא⁹)
דארעה אמן אמן סלה תוב
אשבעית עליכון חרשין בישין
ועובדין תקיפין ונידרא ולוטתא
ושיקיפתא ואשלמתא ואבמרתא
ואחרדתא דאחרדתא¹⁰) דאית ליה
בביתיה ובגופיה ובנושמיה
לאבא בר בריתא דתיזלין
ותיתהפכין על כל דלט יתהין
ובשים יהשמי והושמי אהשמי
אהיה אשר אהיה תוב אשבעית
עליכון חרשין בישין ועובדין
תקיפין ונידרא ולוטתא
ושיקופתא ואשלמתא ואבמרתא
דאבמרתא דאית עלוהי דאבא
בר בריתא דאתיזלין ותיתהפכין
על כל מאן דלט¹¹) יתהין ובשים
יהוה אלוהי ישראל יושב
הכרובים ובשים מטווטוטי
ובשים¹²) א א א א ובשים יה יהוה
יהי והי והו ובשים אלהי
אלהי אלהי אלהי תוב אשבעות
עליכון חרשין בישי ומעכדין
תקיפין ונידרא ולוטתא
ושיקופתא ואשלמתא ואבמרתא

דאכמרתא וכל מידעם ביש
דאית עלוהי דאבא בר ברכיתא
דתיזלון ותיההפכין [בל] על כל
מאן דלט יתהין ובשים אין
יאמן מן יומא דנן ולעלם אמן
אמן סלה הלליויה יהר[13])

הדין קיבלא למיפר וריר בישתא
דאית עלוהי דאבא בר ברכיתא
ת . . . יד[14]) אימי בת ריבקא
ותיזה והיפיק מיניה מן אבא
בר ברכיתא אידמרית ברזי
ארעה ואסתכלית ברידברי בדין
ביה דלמתא תוב פרוחו וריר
בישתא והתקיפתא וזידניתא
ומחבלתא דיסתחבלתא וסבבלהא
וריר דאימי שרי על והי וריר
בישתא ותקיפתא וזידניתא
וריר פוקו ופרחו מן אבא בר
ברכיתא ואיזילו על כל מאן
דלט יתהין ועל ביתיה ועל
דירתיה ועל א . . . תיה[6]) ובשים
יס . . . רימיאל[15]) וחנתיהיאל וחנצאל
וחחזיאל אילין אנין עשרא
מלאכין קרישין ומפרשין
ומחומנין אנין ויזעין ויבטלין
ויפקן וריר בישתא מן פגריה
דאבא בר ברכיתא ומן מאהן
וארבעין ותמניא חרמן קימתיה
ובשים גברי[16]) . . . . . כאל ורפאל
ובישמיה דעניאל דקאים אחורי
גלגלי שמשא ובשים זיקיאל
ופרקיאל וברקיאל וערביאל
דימשמשון קרם בורסי וקרא[17])
דאלהא דשליטי בין בארעה
ורשותהין בדי . . . נה[15]) אנין יזעין
ויבטילין ונפקין ונדידין כל מא

בישתא מיניה דאבא בר ברתיהא
ומן מאתן וארבעין ותמניא חרמין
קימתיה בשום אהיה אשר אהיה אין
ואמן ובשום חץ מץ תץ וקנתיאל
יהוה אמן אמן סלה הלליה ... ר[18])

Anmerkungen zum Originaltexte.

Diese Inschrift enthält mehrere Buchstaben, die sich in der Form von den gewöhnlich gebräuchlichen wesentlich unterscheiden. Diese sollen hier in alphabetischer Reihenfolge angeführt werden. Bei manchen Formen herrscht überdies ein Schwanken, während andere Buchstaben ihre Gestalt unverändert behalten.

⎿	= ב	ח	= מ
⋏	= ג	⌠	= נ
ד ד	= ד	⋎	= ס
ח ח	= ה	כ	= פ
))	= ו	ר	= ק
†	= ז	⫽	= ש
ꙋ	= ט	ز	= ׃
))	= י		
∫	= ל		

1) Das פ ist in diesem Worte nicht sehr deutlich erkennbar; doch kehrt dasselbe Wort am Ende der Inschrift

wieder und zwar mit einem deutlich geschriebenen פ, so dass ein Zweifel ausgeschlossen ist.

2) Bemerkenswert ist die Schreibung mit א am Ende.

3) Was in Anm. 1 von dem Buchstaben פ gesagt ist, gilt hier vom ganzen Worte.

4) Dieses Wort ist offenbar fehlerhaft geschrieben und muss עליבין heissen, wie viermal in dieser Inschrift.

5) Auffallend ist hier das Jod nach dem Beth, wie auch in den Worten ותיתהפביןוהיזלין.

6) Zu lesen דביה: das Ortsabverbium ביה verbunden mit ד relativum.

7) Der Name dieses Engels wird auch in dem kabbalistischen Werke ספר העין ed. Jellinek, p. 12 erwähnt.

8) Diese Lesung ist nicht ganz sicher; אהיוה?

9) Es ist mit hoher Wahrscheinlichkeit anzunehmen, dass dieses Wort דשמיא zu lesen ist. Sowohl der Zusammenhang als auch die im Texte vorhandenen Spuren berechtigen zu dieser Lesung.

10) Aehnliche Phrasen finden sich auch S. 30, Zz. 25, 36 (ואבמרתא) und S. 31, Z. 15 (מחבלתא דימחבלתהא).

11) Die Buchstaben zwischen ט und מ sind zum Teil vermischt.

12) Das ש ist nicht ganz deutlich.

13) Hier schliesst die Beschwörungsformel ab. Die nachfolgenden Worte sind von den vorhergehenden durch eine Kreislinie getrennt, was offenbar darauf hinweist, dass die ausserhalb der Linie sich befindenden Worte nicht mehr zur eigentlichen Beschwörung gehören. Die Vermutung liegt nahe, dass die Nachschrift nichts weiter bedeutet als die genaue Angabe, für wen und zu welchem Zwecke das קיבלא angefertigt wurde, nämlich für einen Mann, der an וריר בישתא, „bösem Fluss" litt. Allein es werden darin wieder eine ganze Reihe neuer Engel angerufen, was auf eine neue selbstständige Beschwörung schliessen lässt.

14) Ungefähr drei Buchstaben verwischt.

15) Einige Buchstaben abgebrochen.

16) Hier fehlen gleichfalls einige Buchstaben, die sich jedoch leicht ergänzen lassen; es soll wahrscheinlich heissen: גבריאל ומיכאל.

17) Kann auch כורסי יקרא gelesen werden, ein Ausdruck, der im *Sohar* ed. Sulzbach, p. 387 wiederkehrt und dem oft gebrauchten כסא הכבוד entspricht.

18) Vielleicht ist יח zu ergänzen, wie oberhalb der Linie der Schluss lautet.

Uebersetzung.

Dies sei ein Mittel[1]) zu lösen den Zauber, den Bann,[2]) den Fluch, die Beschwörung,[2]) die Versprechungen[2]) und die magischen Einflüsse[3]) von Aba, Sohn Barkitha's[4]) gegen Imi,[5]) die Tochter Rebeka's, gegen Lili und Mar, die Söhne Imi's und gegen alle, die sie beschwören.

Ich beschwöre euch bei den heiligen Engeln und im Namen des Engels Mytatron,[6]) der da weilet bei Nidriel und Nuriel und Chathiel und Sesagbiel und Haphchuel und Mehapchiel. Dies sind die sieben Engel,[7]) welche gehen und umkreisen Himmel und Erde, die Sterne und Planeten, den Mond und das Meer, dass ihr gehet und euch wendet, ihr bösen Zauberer, Verüber von Gewaltthaten, Verbannungen, Verfluchungen, Beschwörungen, Versprechungen [oder Preisgebungen], Aechtungen,[8]) welche sind in dem Hause, an dem Körper und an dem Leibe des Aba, Sohn Barchitha's, dass ihr gehet und euch wendet gegen alle, die sie beschwören. Schnell! Schnell!

Im Namen des Azajez[9]) und im Namen des Jehabjah,[10]) durch die Schriftzeichen[11]) יהו יהו יהו אלהי beschwöre ich euch, ihr bösen Zauberer, Verüber von Gewaltthaten, Verbannungen, Verfluchungen, Beschwörungen, Versprechungen, Aechtungen und Verdammungen, welche sind in dem Hause, an dem Körper und an dem Leibe des Aba, Sohn Barkitha's, dass ihr gehet und euch wendet gegen alle, die sie beschwören.

Und im Namen des Azalel,[12]) des grossen Engels, des Engels des Himmels und der Erde (?). Amen, Amen Selah.

Ferner beschwöre ich euch, ihr bösen Zauberer, Verüber der Gewaltthaten, Verbannungen, Verfluchungen, Beschwörungen, Versprechungen, Werke der magischen Kunst, die Mächte der Schrecken, welche sind in dem Hause, an dem Körper und an dem Leibe des Aba, Sohn Barchitha's, dass ihr gehet und euch wendet gegen alle, die sie beschwören. Und im Namen des Jahschmi,[13]) Jehoschmi, Ahschmi אהיה אשר אהיה.

Ferner beschwöre ich euch, ihr bösen Zauberer, Verüber der Gewaltthaten, Verbannungen, Verfluchungen, Beschwörungen, Versprechungen, Werke der magischen Kunst, welche lasten auf Aba, Sohn Barkitha's, dass ihr gehet und euch wendet gegen alle, die sie beschwören.

Und im Namen[14]) des ישראל (יהוה אלהי[15]), der auf den Cherubim wohnt und im Namen des מטוויטוט und im Namen des א,[16]) א, א, א und im Namen des יה יהוה יהי והו und im Namen: אלהי אלהי אלהי אלהי.

Ferner beschwöre ich euch, ihr bösen Zauberer, Verüber von Gewaltthaten, Verbannungen, Verfluchungen, Beschwörungen, Versprechungen, Werke der magischen Kunst und jedwedes Böse, welches lastet auf Aba, Sohn Barkitha's, dass ihr gehet und euch wendet gegen alle, die sie beschwören und im Namen ... Amen und Amen vom heutigen Tage an bis in Ewigkeit. Amen, Amen Selah Hallelujah. (יהרי[17]).

Dies sei ein Mittel zu heilen den bösen Fluss, der haftet an Aba, Sohn Barkitha's, bewirkt durch Imi, Tochter Rebeka's, dass er fortgehe und hinausziehe von Aba, Sohn Barkitha's, dass ich[18]) bewundere die Geheimnisse der Erde und betrachte (die Seiten des göttlichen Wagens)! Und nun flieget[19] fort, böser Fluss, Werke der Gewalt und des Mutwillens, der Zerstörung und des Verderbens und der Vernichtung, der Fluss, den Imi auf ihn geworfen hat! Böser Fluss, Werke der Gewalt, des Mutwillens, Fluss, gehet hinaus, flieget hinweg von Aba, Sohn Barkitha's und gehet gegen jeden, der sie beschwört, auf dessen Haus, auf dessen Wohnung, dessen Frau(?)!

Im Namen Isdamiel, Chenathjahiel, Chanizel, Chachziel, dies sind die zehn[20] heiligen Engel, die auserwählten (die in Scharen mit einander leben), diese sollen vertreiben, vernichten, hinausdrängen den bösen Fluss von dem Körper des Aba, Sohn Barkitha's und von den zweihundertachtundvierzig[21] Verbannungen (ihn befreien), mit denen sie ihn festgebannt(?).[22]

Und im Namen des Gabriel und Michael und Rafael und im Namen des Aniel,[23] der da steht hinter der Sonnenkugel, und im Namen des Sikiel und Perakiel und Berakiel und Erkhiel, welche dienen vor dem herrlichen Throne (dem Wagen) Gottes, welche herrschen im Himmel und auf Erden(?). Sie sollen verdrängen, vernichten, hinaustreiben und zum Weichen bringen jedwedes Böse von Aba, Sohn Barkitha's und von den zweihundertachtundvierzig Verbannungen, durch die er festgebannt ist. Im Namen Ehjeh אהיה אשר אהיה Amen, Amen und im Namen Chez Mez[24] [חץ מץ] Thez und Kanthiel י ה ו ה Amen Amen Selah Halelujah. Also sei es dein Wille!

Commentar.

1) Unsere erste Inschrift Nr. 2422 (s. oben S. 16 und 17) bezeichnet sich als אסותא, während die vorliegende den Namen קיבלא an der Spitze trägt. Es könnte scheinen, dass diese Bezeichnungen auf reiner Willkür beruhten und promiscue gebraucht werden konnten. Wenn wir uns jedoch mit dem Inhalt beider Beschwörungen oder richtiger mit den Uebeln, denen sie ein Ende bereiten

sollen, bekannt machen, finden wir, dass diese Benennungen der jeweiligen Tendenz entsprechen. Der Ausdruck אסותא „Heilmittel" kann nur da angewandt werden, wo das Mittel, gleichviel welcher Art es ist, zur Beseitigung und Heilung einer Krankheit dienen soll, wenn diese auch als eine Folge dämonischer Einwirkungen betrachtet wird. In der erstgenannten Inschrift handelt es sich um einen Menschen, der mit Aussatz und Brandwunden behaftet ist, weshalb das anzuwendende Mittel mit Recht אסותא genannt wird. In dem Falle jedoch, in welchem nicht eine offenkundige, ihrem Wesen nach erkannte Krankheit vorliegt, und man deshalb den Leidenden ausschliesslich als Opfer dämonischer Einflüsse betrachtete, wird das Wort קיבלא gebraucht. So in vorliegender Inschrift. Zu beachten ist ferner, dass auf der ersten Schale die feierliche Ansprache „Ich beschwöre euch", die in der zweiten so oft wiederkehrt, vollständig fehlt. Man war offenbar der Meinung, dass bei einer so bekannten, äusserlichen Krankheit, zu deren Heilung überdies wahrscheinlich auch natürliche Heilmittel dienten, ein solcher Aufwand von Pathos überflüssig sei und der ganze Beschwörungsapparat nicht angewandt zu werden brauche.

2) Siehe oben S. 23.

3) Dieses Wort ist gebildet von כומר, mand. „Priester", später „Zauberer"; ebenso im Talmud אמגושי „Magier", später „Zauberer" überhaupt. Auch das Wort אמרתא wird den gleichen Prozess durchgemacht haben; siehe NOELDEKE, Tabari (Leyden 1879) p. 69, Anm.

4) Für die Frage, ob diese Beschwörungen von jüdischer oder nichtjüdischer Seite herrühren, ist der Hinweis nicht ohne Belang, dass sie in gewisser Hinsicht einer talmudischen Forderung gemäss abgefasst sind. Im Talmud (Sabb. 66b) wird von Abai die Regel aufgestellt: כל מנייני בשמא דאימא, jede Beschwörungsformel müsse auf den Namen der Mutter desjenigen lauten, für den sie ausgefertigt werde. Sowohl in der vorliegenden als auch in der vorhergehenden

Inschrift ist diese Norm eingehalten. Als absoluter Beweis kann dies aber deshalb nicht gelten, weil das Prioritätsrecht des Judentums sich in dieser Sache wohl schwerlich erweisen lassen wird, und ebenso wenig, dass die Juden ausschliesslich und allein im Besitze dieses Mysteriums blieben.

5) אימי (s. auch unten, S. 49, Z. 22) ist ein im Talmud gebräuchliches nomen proprium, so z. B. auch für die Mutter eines Talmudlehrers: *Pes.* 4a; allein die Namen ihrer beiden Kinder מר und לילי bringen sie in den Verdacht, dass Imi's Reich nicht von dieser Welt ist, umso mehr, als wir nur so im Stande sind, einen halbwegs annehmbaren Sinn in die dunkle Stelle zu bringen. Ich vermute, dass אימי entweder der Name eines Dämons ist, abgeleitet von der Wurzel אים „Furcht erzeugen", also „die Fürchterliche", oder dass das Wort in dem gewöhnlichen Sinne von „Mutter" zu nehmen ist und hier „Dämonenmutter" bedeutet. *Pes.* 112a wird das Wassertrinken aus einem Flusse oder einem Teiche des Nachts am Mittwoch und Sonnabend, aus Furcht vor dem Dämon Schabriri, der in diesen Nächten sein Unwesen treibt, untersagt. Wird aber jemand vom Durste so sehr gequält, dass er dem Verlangen nach Wasser nicht mehr widerstehen kann, dann soll er einen Zauberspruch hersagen: אמרה לי אימי אזהר משבריי ברירי דירי ירי ריבכסי חיורי „Es sagte mir Imi: nimm dich in Acht vor Schabriri" u. s. w. Dem Inhalte dieser Formel näher zu treten, ist hier nicht der Ort. „Dämonenmütter" werden übrigens auch von Späteren genannt. So zählt Bechai ben Ascher, ein Kabbalist des 13. Jahrhunderts, in seinem Commentare zu Genesis p. 16 (Ausgabe in Krakau 1592/93) vier Dämonenmütter auf. Dass Imi dort nicht erwähnt ist, braucht nicht wunder zu nehmen, da auch andere Commentatoren das Wort in dem einfachen Sinne von „Mutter" auffassten, übersehend, dass die Berufung auf die Mutter keine Wirkung auf die Dämonen ausüben konnte. Einige Schwierigkeiten macht

jedoch der Stamm רבקא, dem jeder dämonische Beigeschmack fehlt.

Für die Uebersetzung des Wortes על stehen uns zwei Möglichkeiten offen; doch keine von beiden ergibt sich ohne einen gewissen Zwang. Wir können das Wort ergänzen durch יְרִי, wie ja auch im Mandäischen על zur Bezeichnung des logischen Subjekts gebraucht wird (NOELDEKE a. a. O. p. 355). Dann würde die Uebersetzung lauten: „bewirkt durch Imi, durch Lili und Mar, die Söhne Imi's oder durch irgend jemand, der sie beschwört." Der Schluss lässt jedoch diese Uebersetzung als fast unannehmbar erscheinen. על kann aber auch mit „gegen" übersetzt werden; dann wäre der Sinn etwa folgender: Der Bann, die Verfluchungen u. s. w. seien gelöst von Aba, Sohn Barkitha's, und sollen fallen auf Imi und alle, die sie beschwören, d. h. der Fluch falle auf das Haupt derer, welche die Dämonen Imi und ihre Söhne beschwören, Verderben zu verbreiten. Diese Beschwörung würde demnach den doppelten Zweck verfolgen, einerseits den Bann zu lösen und dessen unheilvolle Wirkungen abzuwenden, andrerseits diese Dinge den finsteren Mächten und ihren Bundesgenossen als freiwillige Gabe zu präsentieren. Dasselbe Vorgehen beobachteten nach LENORMANT a. a. O. p. 70 auch die Chaldäer: „Ja er (der Schwarzkünstler) vermag sogar zu töten und zwar durch Zaubereien und Verwünschungen oder durch Gift, das er seinen Zaubertränken beimischt. Die Beschwörungen, welche im letzteren Falle in Anwendung kamen, suchen aber stets diesen tötlichen Ausgang der Zauberei auf ihren Urheber selber zurückzuwälzen."

6) Der Name מיטטרון wird schon vom Targum Jonathan Deuteronomium XXXIV, 6 erwähnt und im Talmud sehr oft genannt: *Chag.* 15a, *Ab. Sar.* 3b. Die andern sind selbstkonstruierte Namen, wie sie leicht und zahlreich mit prä- oder suffigiertem אל gebildet werden können. Metatron gilt in der Kabbalah als der nächste Diener

Gottes und wird in der Sage mit Henoch identificiert, der durch die Motivierung „da ihn Gott zu sich nahm" von der Bibel gleichsam als nicht gestorben bezeichnet wird, *Cerem chemed* IV. B., p. 174. Wahrscheinlich mit Beziehung auf diese Sage heisst es in dem kabbalistischen *Masecheth Aziluth* p. 3: מטטרון הנהפך מבשר ודם לאש.

7) Nach der auf die altbabylonische Astrologie zurückzuführenden Ansicht jüdischer und griechischer Theosophen der ersten christlichen Jahrhunderte hing von sieben Sternen die beständige Veränderung der Dinge ab: NEANDER, *Genetische Entwicklung der vornehmsten gnostischen Systeme*. Berlin 1818. Dieselbe Anschauung findet sich im Buche Tobias 12. 15 und im Buche Henoch c. 90. 21. Einem ähnlichen Glauben begegnen wir auch bei einer Sekte der Sabier, die den Namen „Anhänger der geistigen Wesen" führte. Dies ist von besonderem Interesse, da sich deren Anschauung von der Thätigkeit und Wirksamkeit der geistigen Wesen mit der des Talmud vollkommen deckt. Der einzige Zweck, für den sie geschaffen sind, so lehrt jene Sekte, ist die Heiligpreisung und Anbetung Gottes und die Erfüllung seiner Befehle. שלש כתות של מלאכי השרת אומרות שירה בכל יום ist der Ausspruch des Talmud, in dem er die Wirksamkeit der Engel zusammenfasst: *Chullin* p. 91 b. Noch bunter und farbenreicher wird dieses Bild an einer anderen Stelle ausgemalt: Sechshundertundvierundneunzigtausend Engel heiligen täglich den Namen Gottes; von Sonnenaufgang bis zu ihrem Untergange sagen sie: heilig, heilig, heilig!: *Midrasch rabbah* 167; s. BRECHER, *Das Transcendentale* p. 9. Ist somit in diesem Punkte eine Uebereinstimmung der genannten Sekte mit dem Talmud konstatiert, so finden wir eine gleichartige Anschauung auch bei dem Verfasser unserer Inschrift. Denn ebenso wie dieser von sieben Geistern spricht, welche gehen und umkreisen Himmel und Erde, Sterne und Planeten, so kennt auch jene die Leiter der sieben Wandelsterne, welche „die vermittelnde Ursache

bei dem Hervorbringen und Schaffen, bei der Verwandlung der Dinge bilden, welche die Kraft von der göttlichen heiligen Majestät zu Hülfe rufen und sie auf die niederen Existenzen herabströmen lassen"; s. HAARBRÜCKER, *Schahrastani. Religionsparteien und Philosophenschulen*, Halle 1851, pp. 5 und 6.

8) Wir sehen, dass das Bestreben des Schreibers dahin ging, für den Begriff des „Bannes", unter welchem der Patient zu leiden hatte, möglichst viele Synonyma zu finden, um dadurch den Effekt und den feierlichen Eindruck zu steigern. So werden gewaltsam neue Worte gebildet, die diesen Begriff mehr oder weniger präzis wiedergeben. In den Kreisen, in denen den obersten Gesetzen der Vernunft Hohn gesprochen wurde, werden sich die Sprachgesetze wohl keiner grösseren Wertschätzung erfreut haben und bei der Bildung dieser Worte nicht zu Rate gezogen worden sein. So tritt uns nun hier u. A. ein neuer Ausdruck entgegen, der ein geistiges Eigentum dieser Kreise war und geblieben ist: שיפורי. Dieses Wort wird wohl von שופר abzuleiten sein, da bei jeder Schwurleistung und Verbannung die Posaune eine wichtige Rolle spielte, so sehr, dass bekanntlich ein Rabbiner dem Philosophen blos den Schofar zu zeigen brauchte, um ihn mit der Exkommunikation zu bedrohen. Dieser Brauch ist in talmudischer Zeit herrschend gewesen, wie aus einer Stelle im *Moëd Katan* p. 16a deutlich hervorgeht: בארבע מאה שיפורי שמתיה ברק למרוז. Wenn es auch fraglich ist, ob dieses Instrument in talmudischer Zeit bei einer Eidesleistung gebraucht wurde, so geht doch aus obiger Anekdote mit Evidenz hervor, dass ein Bann nur mit einem solchen verbunden gedacht wurde. Dafür spricht auch die Stelle *Sanh.* 7b: So oft Rabbi Huna zu Gericht ging, befahl er אפיקולי מאני חנותאי מקל ורצועה שופרא וסנדלא „bringt mir meine Ladengeräte" d. h. Dinge, die er beim Richteramt eventuell brauchen konnte. Drei davon dienten zu körperlichen

Strafen, mit dem שוּפְ־ hingegen vollzog er den Bann. Ueber שקיפותא siehe oben S. 24, Anm. 11.

9) Vielleicht von ציץ „Glanz" abzuleiten, also glanzumflossenes oder -ausstrahlendes Himmelswesen.

10) „Gott giebt" oder „Gott hat's gegeben".

11) Bekanntlich wird den einzelnen Buchstaben des göttlichen Namens eine hohe Bedeutung beigelegt und ein dynamischer Einfluss zuerkannt. Ob die Lesung aber richtig ist, kann ich nicht mit Sicherheit behaupten.

12) Bedeutet wohl אֲצֵל אֵל, „der bei Gott, in seiner unmittelbaren Nähe weilt".

13) Die Bedeutung dieser Namen liegt klar: „Jah ist mein Name" u. s. w. Die dem Worte שמי präfigierten Silben bilden die Worte יהוה und אהיה. Man sieht daraus, wie gekünstelt solche Engelnamen sind und mit welchen Mitteln dabei gearbeitet wurde. Der zweite Name könnte möglicherweise formell oder dem Sinne nach identisch sein mit dem חייאתניאנא der Mandäer, der auch יושמין „Ja des Himmels" genannt wurde.

14) Hierzu möchte ich eine im Talmud erwähnte Beschwörungsformel anführen, die durch ihre Kürze und Einfachheit von dem Bombast und der schwülstigen Redeweise unserer Inschriften bedeutend absticht. *Baba bathra* 73a wird erzählt: Ein Schiff, das flott das Meer durchschnitt, wurde plötzlich von einem gewaltigen Wellenschlage getroffen und dem Untersinken nahe gebracht. Da bemerkten die Reisenden oberhalb der Welle einen weissen Feuerstrahl, in welchem sie eine dämonische Macht vermuteten, die diese Gefahr heraufbeschworen hatte. Sie nahmen einen Stab, auf den die Worte geschrieben waren: אהיה אשר אהיה יי צבאות אמן אמן סלה, und die Gefahr wurde abgewandt. Dieser kurze Spruch hatte demnach genügt, die dämonischen Angriffe abzuwehren.

15) Wenn man, wie ich glaube, von dem einen Texte dieser Schalen auf die anderen Schlüsse ziehen darf, dann

wird durch die Schreibung אלֹהִים (unverändert, ohne das ה durch ק oder ד zu ersetzen) Levy's Annahme (ZDMG 9, 488), der אלאים für אלֹהים liest und seine Lesung damit begründen will, dass man sich scheute, den Namen Gottes bei profanen Gelegenheiten unverändert auszusprechen, entkräftet; denn entweder hegten die Schreiber dieser Amulette keinerlei derartige Scheu oder sie hielten dieselben nicht für profane Schriftstücke. Die Frage, ob einem Amulett die Heiligkeit zuzuerkennen ist, wird im Talmud *Sabb.* 61 b behandelt, u. a. ob ein solches am Sabbath vom Brande gerettet werden dürfe. Dass diese Frage von den Schreibern ohne weiteres im bejahenden Sinne entschieden wurde, ist wohl begreiflich.

16) Die Buchstaben א א א א sind vielleicht die Initialen der oben erwähnten Worte אהשמי אהיה אשר אהיה, oder des weiter folgenden אלהי, das dreimal wiederholt wird. In der von Schwabe (*Revue d'Ass.* l. c.) publizierten Inschrift heisst es: ובשם א א א; dort wird also das א nur zweimal wiederholt. Die dort angeführte Erklärung Halévy's scheint mir sehr gezwungen; ich wäre vielmehr geneigt, בשם אהיה אשר אהיה zu lesen, wenn nicht in der vorhergehenden Zeile drei Worte ständen, die eine ähnliche Erklärung ermöglichten: אח אח אתאי. Dem Zusammenhange nach beziehen sie sich auf Gott, der יסלק להון, d. h. die bösen Geister u. s. w. „beseitigen möge".

17) Hier scheint aus Versehen ein Engelname zu fehlen.

18) Möglicherweise: ובן יהיה רצון, also: „sei's der Wille (Gottes)", die auch sonst übliche Schlussformel eines Gebetes.

19) Beide Verba אידמרית und אסתכליה sind Ethpaal: der Sinn ist: der Beschwörende will sich in staunendes Anschauen versenken. Die Vorstellung von fliegenden, beflügelten Dämonen entspricht der talmudischen *Chag.* 16a: שדים יש להם כנפים.

20) Die Zahl zehn ist bekanntlich mystisch und spielt in der Kabbalah eine nicht unbedeutende Rolle. Schon

im Buche Jezirah werden „zehn Sephiroth" genannt, durch welche Gott die Welt erschaffen hat: die Krone, die Weisheit, die Einsicht, die Gnade, die Furcht, die Schönheit, der Sieg, die Majestät, das Reich und die Welt der Wirklichkeit, die gleichfalls in diese Zehnzahl mit aufgenommen wird. Nach der Kabbalah wird den Dämonen nur innerhalb der Zehnzahl Macht und Herrschaft eingeräumt; über diese Grenze hinaus können sie ihre verderbliche Thätigkeit nicht ausdehnen. Bezug genommen wird dabei auf eine Bibelstelle: עשירי יהיה קדש (Lev. 27. 32), augenscheinlich eine Wortspielerei. Darauf stützt sich auch eine Mahnung im *Sepher ha-Chassidim* § 1146: Wenn einem Menschen von dämonischen Mächten ein Schaden zugefügt wird, so soll er vor Ablauf von neun Tagen ja kein Wort darüber äussern, da ihm das Reden höchst gefährlich werden könnte. Mit dem zehnten Tage aber, an welchem die Macht der Dämonen erlischt, darf er ohne Furcht und Scheu seinem Hasse gegen jene Luft machen. Siehe auch ibidem § 1153. Im *Masecheth Aziluth* p. 3, ed. JELLINEK, wird ausdrücklich hervorgehoben, dass es zehn Klassen von Engeln gibt und ebenso viele Führer, die an ihrer Spitze stehen; ihre Namen werden dort angeführt.

21) Damit soll wahrscheinlich gesagt werden, dass der ganze Körper unter dem Banne, der auf ihm lastet, zu leiden hat. Nach der talmudischen Physiologie besteht der menschliche Körper aus 248 Gliedern; vgl. *Makkoth* p. 23b, *Gen. rabbah* 60, 58, *Pesik. Achre* 175a. Im Buche Bahir, dem ältesten kabbalistischen Werke, wird damit die Namensänderung von אברם zu אברהם in Verbindung gebracht, weil der Zahlenwert des letzteren der Gliederzahl des Menschen (248) entspricht.

22) Das Wort קימתיה kommt in demselben Zusammenhange auch in Zeile 29 unserer Inschrift vor. Möglich ist, dass es ein Pael von קים ist; ich finde jedoch keine Belegstelle, wo das Pael in diesem Sinne gebraucht würde.

23) Vielleicht soviel als „der bei Gott wohnende", dem der ehrenvolle Platz in der Nähe Gottes eingeräumt ist. Damit steht auch das von ihm Prädizierte in Zusammenhang: דקאים אחורי גלגלי שמשא. Der Sinn der folgenden Engelnamen ergibt sich mit Leichtigkeit: זיקא „Blitz", ברק „Brandpfeil" u. s. w. Der Engel ברקיאל wird auch im Buche Henoch c. 8 erwähnt und ist nach dem kabbalistischen Werke היכלות (ed. JELLINEK) der Engel des Blitzes. Im Talmud wird fast derselbe Ort als Sitz des Engels סנדלפון bezeichnet: ועומר אחורי המרכבה "er steht hinter dem Wagen" *Chagigah* 13 b. Ich vermute, dass Aniel und Metatron identisch sind, was nach der obigen Erklärung sehr wahrscheinlich erscheint. Nach dem alten kabbalistischen Werke *Masecheth Aziluth* werden die beiden Engel Metatron und Sandalphon in unauflöslicher Umarmung vorgestellt, weshalb sie auch dieselbe Stelle einnehmen müssen. Siehe die Ausgabe von JELLINEK (Leipzig 1853) p. 5: גנזי חכמת הקבלה .

24) In der Sprache אל̈ב̈ש (s. LEVY unter את) entspricht der Gottesname יהוה den Buchstaben מ̈צ̈ פ̈ץ und wird in der kabbalistischen Litteratur sehr häufig dadurch ersetzt; vgl. das sog. Gebet des Nekunja, Sohar I. 20, II. 262 u. s. w. Es ist wahrscheinlich, dass der Name in unserer Inschrift mit jenem identisch ist, trotz der kleinen Variante, die möglicher Weise auf einem Schreibfehler beruht.

Nr. 2426.

משמך אני עושא[1]) הרין אסוהא[2])
נטרהא וחיי מהא[3]) לאתאדרבה בה
אמא דליחסי[4]) ברחמי שמיא מן[5]) כל
רוחי ושדי ודיוי ופתכרי וחמלי[6])
ובמרי ואלתי וטעהא וחרשי
ועברי ושדרתא ולוטא ושיקופותא
ופגעתא[7]) דאתישמיתין הבאורלא

תשמיתין הכה⁸) כולכון שביתיהין⁹)
בטליתין עקריתין ולא התקומון
מן ימא¹⁰) דנן ולעלם

Anmerkungen zum Originaltexte.

1) Bemerkenswert ist, dass statt eines ה ein א am Ende des Wortes steht.

2) Das ח ist zum Teil verlöscht, lässt sich jedoch noch ziemlich genau erkennen.

3) Dieses Wort ist getrennt, und zwischen den Silben וחי und מחא ist ein verhältnismässig grosser Zwischenraum. Es ist jedoch sinngemässer, wenn man beide als ein Wort betrachtet. Vielleicht ist ein die Gesundheit oder das Leben förderndes Mittel gemeint. Dagegen spricht jedoch wiederum der Umstand, dass sich ein Denominativum von חיים meines Wissens weder im Mandäischen noch im Talmud findet.

4) Zwischen ל und י ist ein Strich,), der aber kaum ein Buchstabe sein soll.

5) Es ist mit hoher Wahrscheinlichkeit anzunehmen, dass das א des vorhergehenden Wortes sich zugleich auf das nächstfolgende bezieht und demnach אמן zu lesen ist. Dann wäre dies ein selbständiger Abschnitt, welcher nicht zur eigentlichen Beschwörungsformel gehört, die mit dem Worte כל beginnt. Der Sinne wäre: „Ich mache ein Heilmittel u. s. w., der geheilt werden möge durch die Barmherzigkeit Gottes. Amen." Darauf wendet sich der Exorcist mit einer direkten Ansprache an die Geister, die er vernichten und entwurzeln will. Diese Fassung entspricht völlig derjenigen auf Nr. 2422.

6) Der vorletzte Buchstabe dieses Wortes scheint allerdings ein ל zu sein; ר ist jedoch nicht ausgeschlossen, in welchem Falle das Wort identisch wäre mit וחומרי in Nr. 2422; s. oben S. 17 f., Anm. 4.

7) Das ג hat eine ganz auffallende Form: ⌐.

8) Siehe unten S. 48, Anm. 9.

9) Das ש in diesem Worte ist nicht deutlich erkennbar, aber die Richtigkeit der Lesung ist kaum zu bezweifeln

10) Wahrscheinlich ein Schreibfehler für יומא.

Uebersetzung.

In deinem Namen¹) mache ich dieses Heil- und Schutz- und Genesungsmittel²) der Athadabah,³) Tochter Ima's, dass sie geheilt werde mit göttlicher Barmherzigkeit von allen Geistern, Dämonen, Denos Gespenstern,⁴) . . . . ., magischen Einflüssen,⁵) von Flüchen und [verderblichen] Irrtümern, von Zaubereien und [bösen] Werken,⁶) von bösen Schickungen⁶) und Verfluchungen,⁷) von Beschwörungen und Unfällen, die ihr hier gebannt seid und die ihr nicht hier⁸) gebannt seid.⁹) Ihr alle seid vernichtet, aufgelöst, entwurzelt, dass ihr nicht bestehen könnet vom heutigen Tage bis in Ewigkeit.

Commentar.

1) Auf zwei andern Schalen steht בשמך „in deinem Namen", was einen guten Sinn gibt; dies lässt sich von dem Worte משמך nicht sagen. Zu verstehen wäre es gewesen, wenn mittelst des Gottesnamen durch das Mysterium von dessen Buchstaben die magische Kraft des Amuletts erzielt werden sollte — ein in der Kabbalah sehr häufiges Verfahren. Allein in der ganzen Inschrift suchen wir vergebens nach der Erwähnung oder Andeutung eines Gottesnamens. Es lässt sich jedoch wohl annehmen, dass das מ hier im Sinne von „mit" zu fassen und demnach das ganze Wort „mit deinem Namen" zu übersetzen ist; s. Noeldeke, *Mand. Gramm.* p. 357.

2) Eigentlich ein Mittel, um das Leben, חיים, zu erhalten.

3) Wohl derselbe Name wie in Nr. 2422 (אחתבו) und Nr. 2414 (אחתא ראבא). Wenn in unserer Inschrift das ה

ausgefallen ist, so ist dies nicht befremdend, da diese Erscheinung im Mandäischen ziemlich häufig ist; vgl. שׁוּרָא „Bestechung" statt שׁוּחְרָא u. s. w., NOELDEKE a. a. O. p. 63.

4) Ueber den Ursprung des Wortes גמרי, abgekürzte Form für אגמרתא oder, was näher liegt, abzuleiten von גּוֹמָר, s. oben, S. 37, Anm. 3.

5) Vgl. oben S. 21, Anm. 5.

6) Hebr. אלה „Fluch, Verwünschung" und hier wohl auch „Beschwörung", da dieses Wort beide Deutungen zulässt; es entspräche somit den Worten נידרי שקיפוהא, vgl. oben S. 23 f., Anm. 10.

7) Zu den Worten עברי und שדרתא ist das Adjectiv בישא hinzuzufügen, doch macht der Zusammenhang eine besondere Determination überflüssig.

8) Das ה am Anfange des Wortes ist wahrscheinlich ein Lapsus, der dadurch entstanden sein mag, dass dem folgenden אהשמיחין ein ה folgt.

9) Diese Stelle ist im Original nicht klar: Das ל ist undeutlich und scheint auf den ersten Blick ein Nun finale zu sein; die Schreibung des Wortes הבא, das zweimal kurz auf einander folgt, ist jedesmal verschieden, das erste Mal endigt es auf א, an zweiter Stelle auf ה. Schliesslich fehlt scheinbar ein Buchstabe, da das vorhergehende Wort mit demselben Buchstaben endigt, womit das folgende beginnt: דלא את שמיתין; vgl. oben S. 46, Anm. 5. Der Sinn der Stelle ist klar: alle Dämonen, die gebannten und die nicht in den Bannspruch inbegriffenen, sollen vernichtet und unfähig gemacht werden, dem Patienten zu schaden.

Nr. 2414.

זיעו מנה מן אחתא דאבה בה אמא
ופוקו ופרוחו וזובו ואזיבו כל
עוברי פניא[1]) וחרשי ומיתא[2])
ושקיפוהא ושדרהא דאתן עלה
דא תא[3]) דאבה בת אמא ואזלו ופולו

על טבי בטורי ועל אידי בנשבי
ועל ססתא רבישן¹) אבלן ובישן
שהין וחלי דמיתי ובסו בסרחי
ושקיא לאחתא דאבוה⁵) בת אמא
אמן ואמן

Anmerkungen zum Originaltext.

1) Hier steht ein Schluss-Nun in der Mitte des Wortes.

2) Dieses Wort kann auch ומלתא gelesen werden und wäre dann dem Sinne nach identisch mit ומללתא, das neben וחרישי in der von HALÉVY transskribierten Inschrift erscheint und „Zauberwort" bedeutet; s. oben S. 24, Anm. 10.

3) Das ה ist entweder durch ein Versehen des Schreibers ausgelassen oder der Name wurde auch ohne ה ausgesprochen; Personennamen wurden ja häufig verkürzt oder sonst verschiedenartig umgeformt, s. unten Anm. 5.

4) In diesem und den beiden folgenden Worten fehlt das י in den Pluralsuffixen.

5) Während der Name der Patientin bisher konsequent אחתאראבא geschrieben wurde, erscheint er hier am Schlusse verändert zu אחתאראבוה; vgl. unten, S. 50, Anm. 1.

Uebersetzung.

Weichet von Achthadeabah,¹) der Tochter Imi's, gehet hinaus, flieget fort, fliesset(?)²) und zerfliesset(?), ihr Mächte der Dunkelheit,³) des Zaubers, der Toten, der Beschwörungen, der bösen Schickungen,⁴) welche gekommen sind auf Achthadeabah, Tochter Imi's. Gehet weg und fallet⁵) auf die Gazellen⁶) auf den Bergen, und auf jene, die (gefangen) in den Schlingen, und auf die Pferde, welche die Bösen (Geister) essen,⁷) die Bösen trinken⁸) — und die tötlichen Krankheiten und verachtet . . . .⁹) und die Getränke der Achthadeabah, Tochter Imi's. Amen. Amen.

Commentar.

1) Die Worte אחתא und ראבא könnten getrennt von einander gelesen werden: „die Schwester Aba's". Allein abgesehen von der ungewöhnlichen Form wären wir bei dieser Lesung gezwungen anzunehmen, dass der Name dessen, für den dieses Amulett geschrieben wurde, fehlt. Ich fasse deshalb beide Worte zusammen als weiblichen Eigennamen, vielleicht derselben Frau, die in Nr. 2422, Z. 2 als Mutter des Achdebuj erwähnt wird.

2) Dieses Wort kann im Sinne von „fliessen" gefasst werden, etwa = „strömt hinaus". Das zweite Wort ist eine Verdopplung des ersten (mit Voransetzung eines א), entweder um dem Befehle einen grösseren Nachdruck zu geben oder aus phonetischen Gründen, denen bekanntlich in allen Beschwörungen eine nicht zu unterschätzende Bedeutung beigelegt wurde. Diese Auffassung ist jedoch nicht ohne Bedenken.

3) פניא „Abend", mand. פאינא, wahrscheinlich abzuleiten von פנה „wenden": פנה יום „es wendet sich der Tag".[1]) עוברי פניא bedeutet wohl: „die mit dem Anbruch der Nacht ihre Thätigkeit beginnen". Die Dunkelheit erzeugt in der Brust des Naturmenschen das Gefühl der Furcht und Bangigkeit; diese Furcht trübt seinen Blick, er sieht nichts als Gespenster. Daher spielen sich alle Spuck- und Gespenstergeschichten zumeist bei Nacht ab. Daher auch die Vorschriften und Massregeln im Talmud, des Nachts kein Wasser zu trinken u. dgl. m. Da nun die Thätigkeit der Dämonen vorzugsweise oder ausschliesslich in der Dunkelheit der Nacht gedacht wurde, ist die Bezeichnung עוברי פניא sehr passend. Ein Analogon bietet טלני (siehe GESENIUS, Commentar zu Jesaia 34, 14), das im Targum zum Hohen Lied in der Bedeutung eines Dämons der Nacht vorkommt und wahrscheinlich von טללא abzuleiten ist. Der Vollständigkeit halber führe ich auch die mir

---

[1]) Vgl. HAUPT in SCHRADER's KAT², S. 514. — *Red.*

unzutreffend erscheinende Erklärung von פניא durch „Leerheit, Nichtigkeit" an, also: „die, welche Nichtigkeiten vollbringen".

4) Eigentlich „Schickung", ohne nähere Bezeichnung, die ja überflüssig ist, da ihre Natur aus dem Zusammenhange zur Genüge hervorgeht.

5) Der impt. von נפל; פִּילוּ findet sich auch im Targum zu Jesaia 50, 11.

6) Der Sinn dieser Worte ist klar: die Dämonen werden aufgefordert die Frau zu verschonen, und als Ersatz werden ihnen die Gazellen empfohlen, die frei auf den Bergen leben oder in Netzen gefangen sind. Fast derselben Worte bedient sich auch Rabbi Chijja, indem er sein Verdienst um die Verbreitung der Thora hervorhebt (*Baba Mezia* 85 b): גדילנא נשבי ועיירנא טבי, etc. „ich flechte Netze und fange Gazellen, verwende ihr Fleisch zur Speisung armer Waisen und die Felle, um darauf die Gesetzeslehre zu schreiben". Eine Wechselbeziehung dieser Sätze kann bei der völligen Verschiedenheit des Inhalts freilich nicht vorliegen. Wenn das Wort falsch geschrieben und נאדי zu lesen wäre, dann ergäbe sich eine sinngemässere Uebersetzung: „zu den Böcken auf den Höhen". טבי und אידי werden auch als nomina propria gebraucht; s. *Ber.* 16 b und unten, p. 52, Zz. 27 ff.

7) Dass die Dämonen essen und trinken, wird auch im Talmud behauptet: *Chag.* 16 a, *Aboth* des R. Nathan p. 37.

8) In dieser Inschrift, in welcher der Exorcismus in selbständiger Weise, ohne Zuhilfenahme guter Geister vollzogen wird, scheint es dem Schreiber angezeigt, die Dämonen auf gütlichem Wege, durch sanfte Ueberredung zum Weiterziehen zu bewegen. Dies geschieht durch den Hinweis darauf, dass ein opulenteres Mahl an einem andern Orte für sie bereit stehe und sie daher ohne langes Erwägen auf die frugale Speise, die sie jetzt genössen, verzichten könnten. Dieser Gedanke ist keineswegs ori-

ginell: *Megila* 30b wird einem Menschen, der von Dämonen durch beklemmende Angst- und Furchtgefühle gequält wird, der Spruch als Schutzmittel empfohlen: עיזא דבית טבחי שמינה מינאי „die Ziege im Schlächterladen ist fetter als ich".

9) סרחי ist vielleicht „Gelage", von סָרוּחַ „hingestreckt"; s. Amos VI. 4: וסרחים על ערשתם. Das Wort שקיא wird hier wohl nicht den engen Begriff von „Trank" haben, sondern in dem Sinne von משתה „Mahlzeit" aufzufassen sein.

Nr. 2417.

שלמה אלך יוריד שלמה[1]) אלך מות
שלמה אלך יריד שלמה אלך מאמי
דבתי שלמא[2]) לך אמא חושו שלמא
לך אלך[3]) אמא אית שלמא לך מרה
מיתי וחיי שלמא לך אלהתא[4])
דבתי[5]) דבסומתא שלמא לך אבוטור
נטרא דבחר[6]) מאמו שלמא לך
דיניטוסיחתא וערדבנא דבחר מאמו
שלמא לך וקיוא[7]) . . . אעאין מון ואעא
שלמא לך אחור כה איתרא דסמקי
ואיתרא קעדא הרן מיתי רביתא
ר . . .[8]) בין בארעה ורמכון באפרא
קדישא[9]) לכון כמטותא[10]) חלנא כל
בתי נדודו ואוו[11]) . . . אשני[12]) כורסבון
ומלכותהון מן ביתיה דבאבו בר[13])
בידרון ותיזלון לביתא דסמין[14]) כה
אידי . . . . .[15]) ותישתון ותוחרון
ותוחרון ותיניקשן אורגא בביתיה
דאסמין בת אידי ותיקדון בנדריהון
. .[16]) ראיה לה דאסמין בת אידי ומן[17])
מינא[17]) לכון מיתי ומשבענא לכון
מיתי בההוא יומא . . .[18]) דקימותון ביה
ביה[19]) בדינא תוב משבענא לכון
משבענא לכון מיתי באלהא[20]) מן

יתבון ולא חש . . . ²¹) תבון ולא דרא
יתבון נישמותבון ומעיליתבון
בפגודבון ומבוך ים ותבון לחיי עלמה
ובמה דאהון חתם בודוסקי הרן והיבבון
ביה לדינא הרין ולא תעבבון
אמן אמן שריר וקים

Anmerkungen zum Originaltext.

Diese Inschrift unterscheidet sich inhaltlich und graphisch wesentlich von den übrigen. Die Schriftzeichen haben ganz primitive Formen; sie bestehen aus einfachen, geraden Strichen, ohne jedwede Abrundung und Verzierung; viele Buchstaben sind abgehackt, z. B. ⌐| für ר, '⁾ für ל, ⊐ für ב u. s. w. Daraus dürfen jedoch keineswegs Schlüsse auf ein höheres Alter der Inschrift gezogen werden, vielmehr ist dieser Umstand auf Rechnung der Nachlässigkeit des Schreibers zu setzen.

1) Das מ ist mit dem ה derart verbunden, dass man sie auf den ersten Blick für einen Buchstaben hält. Zwischen diesem und dem folgenden Worte steht ein Zeichen +, dessen Zweck sich schwer ermitteln lässt.

2) Es ist bemerkenswert, dass der Status emph. in dem Worte שלמה bis hieher auf ה, von nun an aber auf א endigt; damit dürfte die Verkürzung und der Ausfall des א in dem Worte אלך, das zu לך wird, zusammenhängen.

3) Hier folgt nach der stereotypen Begrüssungsformel שלמא לך noch אלך; infolge einer Verwechslung?

4) Das ה ist nicht ganz sicher; es ist nur || zu sehen. Dass die obere Horizontallinie fehlt, kann in dieser Inschrift nicht überraschen. S. die folg. Anm.

5) Das ב hat die Gestalt ⌐; die senkrechte Linie fehlt. Da das Wort in unserer Inschrift aber wiederkehrt, so ist die Lesung unzweifelhaft.

6) Vielleicht ist dieses im Original sehr undeutlich geschriebene Wort דבהר zu lesen, da die Consonanten ד

und ר ebenso wie ח und ה in dieser Inschrift kaum zu unterscheiden sind. Danach wäre „Hüter des Glanzes" zu übersetzen.

7) An dieser Stelle ist die Schale entzwei gebrochen, und infolge dessen sind die Buchstaben sehr verstümmelt.

8) Es fehlen ungefähr drei Buchstaben, die sich aus dem Zusammenhange leicht ergänzen lassen: דשׁביכין.

9) Das שׁ ist mit dem א zusammengezogen.

10) Das ט ist etwas undeutlich und sieht fast wie שׁ aus.

11) Hier ist ein ganzes Stück von der Schale abgebrocken. Ist etwa zu lesen דרוחי קרישׁין?

12) שָׁנוּ?

13) Sicher ein ר, obwohl der Buchstabe durch ein kleines Viereck über der Horizontallinie unkenntlich gemacht ist.

14) Da dieser Name zweimal als אסמין erscheint, dürfte hier ein Versehen des Schreibers vorliegen.

15) Die Konsonanten sind oben abgebrochen; doch ist ותיכלון mit ziemlicher Sicherheit zu erkennen.

16) Hier sind infolge der Schadhaftigkeit der Vase etwa zwei Worte unleserlich.

17) Vielleicht ומשׁבענא, was wiederkehrt.

18) Fehlt ein Wort, möglicher Weise רבא.

19) Steht im Original zweimal.

20) Hier bricht die Beschwörung ab, und folgende Worte sind in Parenthese gesetzt:

| קימא דהוא כתיב לי |
| אנן הכא ידעינן אותו |

Soll dies vielleicht ein Attest für die Zuverlässigkeit des Schreibers sein, etwa: „Der Schreiber dieses Amulettes ist uns bekannt"? Jedenfalls wurde dadurch die Lesung erschwert.

21) Verlöscht.

Uebersetzung.

Friede¹) sei dir, Jodid! Friede sei dir, Muth! Friede sei dir, Jedid! Friede sei dir, Mutter²) Dabthi! Friede sei dir, Mutter Chuschu! Friede sei dir, Mutter Ith!³) Friede sei dir, Herrin⁴) der Toten und Lebenden! Friede sei dir, Göttin der Häuser des Wohlgeruchs!⁵) Friede sei dir, Abutur,⁶) Hüter . . . . .!⁷) Friede sei dir, Dinimusittha,⁸) Wächter⁹) . . . .! Friede¹⁰) sei dir, Ahud, Tochter Ithra's aus Samki!¹¹) . . . . . diese Schale(?), ihr Toten des Hauses, die da liegen in der Erde und schlafen im Staube, vor euch bitte¹²) ich, flehe ich, alle Scharen . . . . . verändert(?) euren Thron und eure Herrschaft¹³) vom Hause des Babu, Sohn Bidun's, und gehet in das Haus der Asmin, Tochter Idi's, [und reiniget] esset und trinket! weilet und weilet, ... ein Gewebe im Hause der Asmin, Tochter Idi's, und . . . . ihre Kleider, ... welche besitzt Asmin, Tochter Idi's. Ich beschwöre euch, ihr Toten, ich beschwöre euch, ihr Toten bei jenem Tage, ... an dem ihr aufstehen werdet zum Gerichte; ferner beschwöre ich euch, beschwöre ich euch, ihr Toten beim Gotte Man . . . . und zurückzuführen euch, eure . . . . . Seele¹⁴) in euren Körper und zu bringen(?) zum ewigen Leben¹⁵) . . . . . .

Commentar.

Die Zurufe und Begrüssungen von Verstorbenen verschiedenen Namens דשכיבין בארעא und die weiter unten folgende Einladung, in das Haus einer gewissen Frau zu kommen, die mit Namen genannt wird, um (ותיכלון ותישתון) dort zu essen und zu trinken, erinnert uns an den bei den Naturvölkern verschiedenster Race allgemein herrschenden Brauch, den Toten Trank und Speise darzureichen; s. die zahlreichen Beispiele in HERBERT SPENCER's *Die Prinzipien der Soziologie*, deutsche Ausgabe von B. VETTER, Stuttgart 1877, Bd. I, p. 192 und 316, und TYLOR,

Primitive culture, London 1873. Besonders bezeichnend für den vorliegenden Fall ist, was LIPPERT, *Der Seelenkult*, Berlin 1881, p. 21 über den Seelenkult der Japaner schreibt: „Die Japaner bewahren eine Gedächtnistafel ihrer Geschiedenen an heiliger Stätte im Hause, indes sie die Seelen draussen in der Nähe des Leichnams denken. Einmal im Jahre, am Laternenfeste jedoch laden sie alle wieder in ihr Haus, sie suchen sie an diesem Tage auf dem Friedhofe auf und bitten sie zu sich. Unsichtbar in langen Zügen folgen sie dem Einlader, daheim nimmt dieser die Gedächtnistafel aus der Lade und vor sie hin, um die er sich die Seelen sammelnd denkt, stellt er eine Mahlzeit: Reis, Kuchen, Fische, Früchte, Thee und Saki (ein Getränk)." Es läge nun die Vermutung nahe, dass unsere Inschrift eine gleiche Tendenz verfolge; allein sie erweist sich als irrig. Schon der Umstand, dass die Geister aufgefordert werden, „ihren Thron und ihre Herrschaft" von einem Hause in das andere zu verlegen, zeigt zur Genüge, dass es sich hier um ganz andere Dinge handelt. Welchem Zwecke freilich unsere Inschrift diente, wird schwer zu ermitteln sein, da sie an jenen Stellen, die darüber Aufschluss geben könnten, korrupt und lückenhaft ist. Vorläufig müssen wir uns damit bescheiden zu constatieren, dass hier eine ganz eigenartige Formel vorliegt, die in Inhalt und Tendenz von allen übrigen abweicht und offenbar nicht jüdischen Kreisen, sondern den Mandäern angehört; vgl. oben S. 15.

1) Eine alte Grussformel der Mandäer, welche nach NOELDEKE a. a. O. p. 483 nach unserer Ausdrucksweise nicht als Wunschsatz, sondern als indikativische Aussage: „Friede ist mit dir" zu fassen ist. In der Uebersetzung habe ich die unserem Sprachgefühle besser entsprechende Wunschform gewählt.

2) Das ס ist vielleicht ein Schreibfehler, an denen in dieser Inschrift kein Mangel ist.

3) Es ist fraglich, ob wir hier lauter nomina propria

vor uns haben; da einige von diesen Worten auch gewisse Eigenschaften bezeichnen, so ist für sie eine appellative Bedeutung nicht ausgeschlossen.

4) מרת. Dieser Ausdruck ist allerdings sehr grell und hat einen starken heidnischen Beigeschmack. Allein es ist daran zu erinnern, dass im Talmud von Metatron dasselbe, ja sogar noch etwas mehr prädiziert wird. Denn er hat dort das Epitheton שר העולם: *Sanh.* 94a, *Jeb.* 16b. Diese Stelle allein würde noch nicht genügen, die Annahme eines jüdischen Ursprungs vollends zu entkräften.

5) Darunter ist vielleicht das Paradies zu verstehen; die Bezeichnung „Häuser" (im Sinne von „Stätten") „des Wohlgeruches, der Lieblichkeit" entspräche dem verbreiteteren Ausdrucke גן עדן „Garten der Lust". Dieselbe Anschauung findet sich in einer Legende im *Midrasch Jalkut* zu ψ 32, wo von Rabbi Abahu erzählt wird, dass er nach seinem Tode im Jenseits dreizehn Balsamströme als Lohn für seinen frommen, tugendhaften Lebenswandel vorfand.

6) Dieser Name kommt nur in dieser Inschrift vor, ganz entsprechend ihrer Tendenz; denn sie will nicht eine Beschwörung böser Geister sein, wie die vorhergehenden, sondern enthält lediglich eine Bitte an die Verstorbenen. Es ist daher selbstverständlich, dass darin der Name desjenigen nicht fehlen darf, der ihnen die Pforten der höheren Lichtregionen öffnet und vor dem grossen Thore als Pförtner und Wächter den Eingang bewacht.

7) Diese ganze Stelle wird erst dann verständlich, wenn es gelungen ist, über die Provenienz des *Abutur* Klarheit zu schaffen, welcher auf der von Levy in der ZDMG publizierten Inschrift genannt wird. Wie Levy richtig bemerkt, ist er mit dem אבתור der Mandäer identisch. Aber nicht die inschriftliche Schreibung ist die richtige, und die mandäische fehlerhaft, wie Levy annimmt, sondern umgekehrt. Das Wort ist eine Verschmelzung von אבא und עותרא „Vater der *Uthre*". Letzteres bedeutet

ursprünglich „Reichtum" und wurde im Mandäischen ausschliesslich im Sinne von „Engel" gebraucht: NOELDEKE, *Mand. Gramm.* p. 28. Jenes Wort heisst demnach: „Vater der Engel", d. i. der oberste und vornehmste von ihnen. Also ist in beiden Inschriften die Schreibung incorrect. Während nun אבוטור in der LEVY'schen Inschrift als böser Dämon figuriert und wir eine Degradierung von einem guten zu einem bösen Dämon anzunehmen haben, erscheint er hier als das, was er nach mandäischer Vorstellung ist, als guter Genius. Die ihm beigelegten Epitheta stimmen bei den Mandäern und auf den Schalen durchaus überein: er wird beiderseits als נטרא „Hüter" bezeichnet. Während uns aber die mandäischen Quellen verschweigen, welcher Schatz von ihm gehütet wird, erfahren wir hier, dass der „Glanz" seiner Obhut anvertraut ist, vorausgesetzt, dass die oben S. 53 f. vermutete Lesung richtig ist. Licht und Glanz spielen bekanntlich im mandäischen Religionssystem eine sehr wesentliche Rolle: Die Göttertrias ist aus Licht und Glanz zusammengestellt und ihr Sitz wird an der äussersten Grenze der Lichtwelt gedacht.

8) Wahrscheinlich eine Zusammensetzung von נימום „Brauch, Gesetz" und אהתא „Weib", etwa eine „Ceremonienmeisterin" im Reiche der Seeligen; allerdings wäre in diesem Falle die umgekehrte Reihenfolge der Wörter אתתא דנימום zu erwarten.

9) דרבון heisst wohl auch hier „Thürhüter, Pförtner" od. dgl. Das ע ist der im Mandäischen beliebte Vorschlag vor consonantischem Anlaut.

10) Die Begrüssungsformel שלמא לך, die sich in unserer Inschrift zwölf Mal findet, wurde wahrscheinlich an solche Geister der Unterwelt gerichtet, die dort eine herrschende Gewalt ausüben, die Fürsten und hohen Beamten des Schattenreiches. Diese werden zunächst mit ihren Eigennamen genannt und begrüsst und darauf nochmals mit den nomina appellativa, die das Gebiet ihrer Machtsphäre ausdrücken. Wenn die im Texte verstümmelten

Worte gleichfalls Begrüssungen enthalten, so beläuft sich ihre Zahl auf sieben, entsprechend den sieben Stockwerken, in welche nach mandäischer Vorstellung die Unterwelt zerfällt.

11) סמקי ist der Name eines Ortes in Babylonien, der auch *Jeb.* 121a erwähnt wird: אנמי דסמקי.

12) Sollte eigentlich heissen: במטותא לבון. Im Talmud wird das Wort מטותא mit מ verbunden: במטותא מינייבו *Joma* 72b; die Construktion mit לבון, wie in unserem Texte, ist aber sinngemässer: mit einer Bitte „kommt" — מטא — man zu jemanden.

13) Einen zusammenhängenden Sinn dieser Anrufe würde die Aenderung von ה zu כ in den Worten בגדיהון und מלבותהון ergeben; ist wirklich ein Versehen des Schreibers anzunehmen?

14) Nach den Vorstellungen der Mandäer besitzt der Mensch zwei Seelen, eine himmlische und eine tierische. Wenn nun unsere Inschrift von zwei Substanzen spricht, die nicht in den Körper zurückkehren sollen, so ist die Annahme wahrscheinlich, dass darunter jene zwei Seelenarten zu verstehen sind, obgleich das Wort ומעילתבון zu einer solchen Interpretation nicht berechtigt.

15) Der Schluss ist infolge der Verstümmelung mehrerer Buchstaben teilweise unleserlich.